教育部语信司—南京大学中国语言战略研究中心 主办
中国语言学会语言政策与规划专业委员会 学术支持

● 主 编：徐大明
● 执行主编：蔡 冰

中国语言战略

2019.2

Volume 6
Number 2 (2019)

CHINA LANGUAGE STRATEGIES

国家"双一流"建设学科"南京大学中国语言文学艺术"资助项目
江苏省2011协同创新中心"中国文学与东亚文明"资助项目

南京大学出版社

编辑委员会

出版说明

　　《中国语言战略》以语言规划为主题,由教育部语信司指导,教育部语信司—南京大学中国语言战略研究中心主办。中国语言战略研究中心成立于 2007 年,以推动和发展中国的语言规划研究为宗旨。

　　语言规划有助于引导语言生活向健康、和谐的方向发展,有助于保障个人或群体语言使用权益的充分实现,有助于促进国家统一、民族团结、社会稳定、经济发展和文化进步,对于像我国这样的多民族、多语言国家来说,意义尤其重大。

　　语言规划学是一门新学科,但语言规划的实践活动却历史悠久。在我国,语言规划的实践可以追溯到秦始皇的"书同文"政策,其后各朝各代在社会语言文字使用方面也不断进行引导或干预。新中国成立后,语言文字工作成为政府工作的一个重要组成部分。改革开放以来,特别是新世纪以来,语言文字工作进入了一个新的阶段。与此同时,我国的语言规划研究也逐步开展起来。

　　世界范围内,现代科学意义上的语言规划研究始于二次世界大战以后,我国学者紧跟时代步伐、顺应社会需要,开展了一系列具有划时代意义的语言文字工作。老一辈语言学家罗常培、王力、吕叔湘、周有光等,肩负起知识分子的历史使命和社会责任,在推动、促进文字改革,推广普通话和现代汉语规范化方面发挥了重要的作用,为我们树立了优秀的榜样。通过几代人的不断努力,语言规划研究已经初步形成了一个学科体系。

　　语言规划学是一门学术性和政策性、理论性和应用性兼重的学科,它的研究融语言学研究成果与国家、民族和社会的发展于一体,不仅进行理论研究,而且力图影响国家和政府的语言政策和语言文字工作。目前,国际上语言规划的研究已有重要的发展,也创办了一些有影响的专业期刊,如:1977 年创刊的《语言问题和语言规划》(*Language Problems and Language Planning*),2000 年创刊的《语言规划的当前问题》(*Current Issues in Language Planning*)和 2002 年创刊的《语言政策》(*Language Policy*)等。随着中国社会的发展,创办一种以中国语言规划为主要研究对象、以中文读者为主要读者群的专业集刊也成为迫切的需求,《中国语言战略》就是对这一需求做出的反应。

　　遵循中国语言战略研究中心的宗旨,《中国语言战略》积极推动语言规划和语言政策的理论研究,促进适应中国国情的语言规划理论和语言规划学科的产生。在研究内容方面,《中国语言战略》主要关注中国社会所面临的种种语言问题,以及这些语言问题在政治、经济、教育、文化等领域中产生的影响。《中国语言战略》强调运用科学的方法,对语言现象和语言生活进行描写、分析和解释,在引进和借鉴国外的理论和经验的同时,以中国语言规划的实践和研究丰富和发展语言规划学的理论和方法。

　　在语言规划研究领域,语言战略研究是中国学者率先开展的新研究方向,是语言学与战略研究的结合,体现了应用驱动的理论创新。《中国语言战略》因此着重展现语言战略研究的新成果。我们热切地邀请海内外的学界同仁一起开展语言战略研究;让我们放眼世界、展望未来,为建设中国和世界的语言新环境而努力。

　　《中国语言战略》2012 年卷由上海译文出版社出版,自 2015 年卷本起,出版工作由南京大学出版社承担。《中国语言战略》在组稿和审稿过程中得到了海内外学者的热情支持和帮助,在此表示诚挚的谢意。

目　　录

香港回归廿二年　推普工作面面观

田小琳[1]　陈　茜[2]

[1]香港岭南大学；[2]教育部语言文字应用研究所

提　要：数据表明，近半数的香港人会说普通话。这个成绩是香港各界人士努力推普的结果。首先是香港特区政府制定了符合香港社会实际的"两文三语"的语言政策；教育局切实执行香港特区政府的政策，将普通话作为独立科目纳入基础教育；各级各类学校重视学生的普通话学习，所有大学都提供普通话水平提升课程，设有国家级普通话水平测试；普通话社团遍地开花，一批志愿者和老师常年坚持推普工作，提供社会服务；庞大的普通话教师队伍，形成老中青梯队，薪火相传。当然更少不了香港各界人士对推普工作的认可和支持，商贸界朋友一路领先走在推普队伍的前面。从香港特区政府到民间，22年来，推普工作没有间断。这样努力下去，有望赶上全国推普的脚步。

关键词：香港；两文三语；普通话推广；普通话水平测试

香港回归祖国 22 年了。在"两文三语"流通的香港，推普工作有很大进展。这个结论有数据可考。2016 年香港特区政府中期人口报告是最新人口统计资料。这个报告提供了香港市民掌握语言和方言的概况。2016 年 6 月至 8 月期间香港特区政府进行了 2016 年中期人口统计。2017 年 2 月香港特别行政区政府统计处公布的《2016 中期人口统计简要报告》（以下简称《简要报告》）里披露，香港人口总数约为 733 万人。统计处后又公布，2017 年同期增至约 738 万人。其中九成以上的人口是中国人。

从香港人掌握的语言和方言方面看，《简要报告》披露："广州话是家中最常用的语言。在 2016 年，88.9％的 5 岁及以上人口在家里用广州话交谈，另外有 5.7％的人口报称能说这种语言。""换言之，94.6％的 5 岁及以上人口能说广州话。""能说英语的人口比例，由 2006 年的 44.7％，持续增至 2016 年的 53.2％。""能说普通话的人口比例，亦由 2006 年的 40.2％增至 2016 年的48.6％。"十年间，能说英语的人口增长了 8.5％，能说普通话的人口增长了 8.4％。二者增幅相当，说明市民对这两种语言的重视程度相当。

这个数字说明，即使在 95％的人口都可以用粤语交流的大环境里，在粤语的海洋里，也已经有近半数的香港人能说普通话了。这个成绩是香港各界人士努力推普的结果。首先是香港特区政府制定了符合香港社会实际的"两文三语"的语言政策；教育局切实执行香港特区政府的政策，将普通话作为独立科目纳入基础教育，保证中小学生受到普通话的语言教育；各级各类学校的领导重视学生的普通话学习，所有大学都提供普通话水平提升课程，设有国家级普通话水平测试；普通话社团遍地开花，一批志愿者和老师常年坚持推普工作，提供社会服务；庞大的普通话教师队伍，形成老中青梯队，薪火相传；香港众多出版界朋友，编写出版了适合不同读者需要的林林总总的普通话教材和书籍。当然更少不了香港各界人士对推普工作的认可和支持，商贸界朋友一路领先走在推普队伍的前面。从香港特区政府到民间,22 年来,推普工作没有间断。这样努力下去,有望赶上全国推普的脚步。据了解,目前全国普通话普及率在 70%,这是内地近 70 年努力推普的结果;预计到 2020 年,全国普通话普及率将达到 80%。香港 22 年能有 48.6% 的推普成绩,速度是相当快了!

本文从以下五个方面介绍香港回归后推普工作的概况,有详有略,着重介绍近年来推普工作发展的情况,也提供一些数据和资料。目的是肯定香港推普工作的成绩,增强我们推普的信心,并与澳门及各地的同行交流经验,发现存在的问题,改进工作。

一 香港回归祖国前后之语言生活状况及语言政策制定

香港回归祖国以前,被英国殖民统治长达 150 年。1984 年 12 月 19 日,中英联合声明签订,双方确定自 1997 年 7 月 1 日起,中国对香港恢复行使主权。一般称香港自 1984 年至 1997 年为过渡期。过渡期中,随着社会政治背景的变化,语言文字政策也有变化。1997 年香港回归祖国之后,根据《中华人民共和国香港特别行政区基本法》(以下简称《基本法》)①,特区政府有明确的语言文字政策。

(一)香港回归祖国前之语言生活及语言政策

自英治以来,英国对香港推行的语言政策,首先是英文第一。英文是官方语言,政府文件、法律文件以英文本为准,在全社会全面提倡和推行英文,英文成了金融商贸的交流语言、大学中学的教学语言、电台电视台的传媒语言、社交场合的交际语言。故而英文不仅成为香港的官方语言,在社会上也形成了重英轻中的实际效应。

1974 年,在当时香港中文运动的推动下,政府曾颁布《法定语文条例》,不得不规定"中文除在法律范畴外,成为其他范畴的共同法定语文"。后来到 1984 年中英联合声明签订后,1987 年港英政府公布的《法定语文(修订)条例》又做了进一步的让步:"新法例须以中英文制定,中英文同为法律正式文本。"

(二)香港回归祖国后之语言生活及语言政策

《基本法》规定,香港回归祖国以后,实行"一国两制",五十年不变。关于语言文字政策,《基本法》里有两条规定:

第一章总则第九条:"香港特别行政区的行政机关、立法机关和司法机关,除使用中文外,还可使用英文,英文也是正式语文。"这一表述方式肯定了中文的首要地位,也确认了英文作为正式语文的地位。表明了中国政府在语言文字上既有原则性又有灵活性的态度。

第六章第一百三十六条:"香港特别行政区政府在原有教育制度的基础上,自行制定有关教育的发展和改进的政策,包括教育体制和管理、教学语言、经费分配、考试制度、学位制度和承认学历等政策。"这又体现了政策的灵活性,令特区政府可以根据香港社会的实际情况、实际需要,经过调查研究,来考虑教学语言等问题。

(三)"两文三语"多元化的语言政策

香港特别行政区政府成立以来,行政长官董建华先生在 1997 年、1998 年、1999 年的三份施政报告和政府公布的《工作进度报告》中,都明确提出"两文三语"的语文教育政策及贯彻这一政策的具体措施。董建华说:"我们的理想,是所有中学毕业生都能书写流畅的中文、英文,并有信心用广东话、英

---

① 文中引用的《中华人民共和国宪法》《香港特别行政区基本法》、香港特别行政区政府施政报告及工作进度报告等文件内容,均见于"香港政府一站通",网址:https://www.gov.hk。

语和普通话与人沟通"(1997),"特区政府的一贯宗旨,是培养两文三语都能运用自如的人才"(1999)。随后香港特区政府在2001年施政报告中又强调,"推广两文三语,是我们的既定政策。香港作为国际大都会,有必要普及基本英语;而香港作为中国的一部分,市民亦必须学好普通话,才能有效地与内地沟通交往以至开展业务。"(2001)

经过22年的回归,我们高度评价董建华特首在确定香港语言文字政策方面的高瞻远瞩。正是因为董特首自1997年的第一份施政报告就提出"两文三语"的政策,令香港社会的语言生活平稳过渡。就书面语的"两文"来说,《基本法》已经有明确规定;就口语的"三语"来说,粤语一直是最流通的口语,英语也为市民重视,而普通话的流通度最低。这样,通过连续的施政报告的发布,令普通话在香港的地位提高,使大家重视普通话的学习。

由于"两文三语"政策符合香港多元语言生活的状况,它成为一项适应香港社会的语言政策,得到社会各界的广泛认同,而且在一些文件中被反复加以引用。例如,语文教育及研究常务委员会(以下简称"语常会")在《提升香港语文水平行动方案》报告中,开宗明义先说"两文三语":"香港特别行政区政府的语文教育政策是培育香港人(特别是学生及就业人士)两文(中文、英文)三语(粤语、普通话及英语)的能力。"(香港语文教育及研究常务委员会,2003)可见,香港的语言政策既考虑到香港语言生活的历史和现状,也考虑到了香港语言生活的远景。在不变的基础上有变,有利于形成香港多元化的语言生活面貌。

（四）教学语言政策

教学语言政策是由香港特区政府自行决定的,但这是一个长时间引起争论、一直未能达成共识的课题。以香港中学为例,回归前有英文中学(英中)、中文中学(中中)之分。回归后香港特区政府希望推行母语教学(以粤语为教学语言),于1998年推行《中学教学语言指引》,大部分中学都采用中文作为教学语言。教育界普遍认同采用适当的教学语言有助于提高学生的认知及学习能力。

2008年教育局推出"微调"的教学语言政策,取消英中和中中的两分法,造成标签效应的英文中学与中文中学随着微调政策的推行可能会消失。"微调"教学语言是在母语教学的大环境之下,渗入更多英语元素。这种变动增加了初中生接触英语的机会,提高了他们的英文水平,方便高中与大学的英语衔接。这样做也减少了家长与师生的忧虑。根据学生的情况,学校可以灵活安排教学语言。香港中学教学语言的情况反映出香港社会语言状况的多样性。

关于用普通话作为教学语言完成中国语文课程(普教中)讲授的问题,课程发展议会于1999年发布的《香港学校课程的整体检视——改革建议》里建议:"在整体的中国语文课程中加入普通话的学习元素,并以'用普通话教中文'为远程目标。"至2017年,课程发展议会在《中国语文教育学习领域课程指引　小一至中六》里,谈到按校本需要及条件推动用普通话教中文:"学校可按本身的需要及条件,包括师资的准备、学生的水平、校园的语境、课程的安排、学与教的支援及家长的期望等,考虑是否用普通话教中文。现时已有部分学校尝试以不同方式用普通话教中文,他们的试行经验,可供其他学校参考。就'用普通话教中文'作为远程目标,现阶段未有具体的实施计划和时间表。"以目前香港的情况看,由于政府没有时间表,在香港全面实施"用普通话教中文"成了遥遥无期的事,让人深感遗憾。但是,如果学校具备"普教中"的条件,学校可以自行决定哪些班级或年级实行"普教中",教育局不会加以干涉。这又是教学语言政策灵活的一面。因此,目前在香港的小学里,有为数上百所学校实行"普教中"。相信这些学校会积累有益的经验。

二 教育局贯彻执行语言文字政策,设立普通话课程

教育局在回归后的 22 年里,不断贯彻执行香港特区政府的语言文字政策,特别是在基础教育阶段,设置独立的"普通话"科,令中小学生在学校受到国家标准语的普通话教育。经过学习,学生能够用普通话与人交流,从而为自己人生的发展创造了语言方面的好条件。越来越多的人认识到,熟练运用普通话,是自己在精神上和物质上的财富。

(一)普通话课程的设置

普通话课程是根据教育统筹局委员会第六号报告书(1996)的建议而设定的。在回归前的后过渡期,教育统筹局委员会已经开始了中小学普通话教学的准备工作。第六号报告书里写道:"应把普通话定为所有中小学核心课程的一部分。因此,我们支持政府的措施,在一九九八年九月为小一中一及中四学生,推行新的普通话课程。我们原则上支持政府建议在二〇〇〇年,把普通话列为香港中学会考的一个独立科目。"

从 1998 年开始,普通话科成为香港中小学的核心课程之一。1997 年回归始年,香港已经编订了《普通话科课程纲要(小一至小六)》《普通话课程纲要(中一至中五)》。各出版社根据纲要编写《普通话》教材,经过审批后,供中小学选择使用。在《课程纲要》里写明:"普通话是汉民族的共同语,是中国各方言区、各民族之间用以沟通的语言,同时,普通话是联合国六种工作语言之一,在国际上,是代表中国的语言。本

科的设立,目的是让本港学生掌握汉民族的共同语。"正是基于这样正确的认识,设立了普通话课程。

回归后,中小学生即刻能够学习国家的标准语,22 年后的今天,香港有近半数人能说普通话。当年教育统筹委员会、课程发展议会所做的决策和所制定的《普通话科课程纲要》,目标正确,为香港社会推普奠定了坚实基础。普通话要成为香港社会的流通语言之一,必须从教育着手才能实现。

(二)普通话课程的修订

2017 年,普通话课程有了一些变化,正式公布了《普通话科课程指引(小一至中三)》。修订和更新课程纲要,主要基于以下两个原因:第一,配合课程发展的需要。2000 年以后,香港开展一系列课程改革,设八个学习领域,把不同的学科划入一个学习领域中。普通话科和中国语文科、中国文学科同属中国语文教育学习领域。这个归类十分科学,熟悉普通话定义,就一定知道,普通话定义涵盖语音、词汇、语法三个方面,它本身就是现代汉语的规范语言。第二,配合学制的改革。新高中由原来的两年高中、两年预科改为三年制高中,普通话科不再成为高中的选修课程之一。原《普通话课程纲要(中一至中五)》不再适用。小一至中三,在基础教育的九年里,完成普通话学习的要求,应该是可以达到的。学生的普通话能力已经有了显著的提高。

2017 年新公布的《普通话课程指引(小一至中三)》,在大的学习目标、课程理念、课程内容上没有变化。只是在语言文字的表述上更加科学。当然新课程指引还有新的修订部分,我们访问了教育局参与这项工作的负责人,她认为,课程主要有以下三项修订:

一是汉语拼音学习的新安排。弹性安排在第一学习阶段(小一至小三)的任何年级,开始声母和韵母的学习。这是一个比较

大的修订。原课程纲要到小学四年级才开始学习声母和韵母，一年级至三年级主要学习声调。二是"译写"的名称改为"拼写"，这样就体现了这一范畴的学习，除了汉字拼音互相对照译写外，还包括了对汉语拼音的认读、拼读，使用拼音符号记音等。三是重组了听、说、读、写四个范畴的学习重点。原本《课程纲要》中的学习重点内容较庞杂、零碎，经过规整，分类清晰有条理。总的看来，这次修订可以看作一次顺应实际教学的课程发展，是对语言环境的变化、对课程观念的发展所做出的回应。因而，新的课程指引顺利获得广大教师的接受。相信新的课程指引对于提高中小学的普通话教学质量会有很大的帮助。

目前已有多家出版社根据新课程指引编好整套教材，通过审定批准，在 2019 年 9 月的新学期供中小学使用。

三　香港考评局设立普通话测试

香港考试局（现称为香港考试及评核局，简称考评局）在香港回归前每年设置两次普通话测试，名称为"普通话高级水平测试"（3 月）和"普通话水平测试"（7 月）。1988 年开始第一届普通话水平测试；1990 年开始第一届普通话高级水平测试。这两个测试都属公开考试，为各界人士而设。香港回归后，因为报名应考人数不断减少，这两个测试都已停办。

（一）香港中学会考普通话科测试

从 2000 年起，香港考试局设置中学会考的普通话测试。在《2000 香港中学会考考试规则及课程》一书中，普通话第一次成为独立的会考科目。考试以香港课程发展议会颁布的《中学普通话科课程纲要》为范围。香港中学会考普通话测试宗旨是"衡量考生运用普通话的能力及对普通话语言知识的认识"。目标是"测试考生的普通话听说能力、译写能力、语言知识及应用能力"。设四卷：卷一听力、卷二译写、卷三口试、卷四语言知识及应用。该测试的突出特点在于卷四"语言知识及应用"。其中知识部分分数为 20%，应用部分为 80%。知识部分以回答题为主，体现本科作为独立会考科目的学术性。应用部分主要考核考生对汉字字音的掌握，对普通话规范词汇、语法的认识，掌握普通话口语的能力，对汉语拼音或注音符号的掌握及运用。因为普通话科是中学的核心课程，所以才能作为独立科目进入会考。而香港的中学会考成绩又是可以和国际上升学接轨的，从而决定了必考语言知识理论及应用。由于 2012 年起香港学制改为三三四制（初中三年，高中三年，大学四年），2011 年普通话会考停办。十年的经验，值得总结。

（二）教师语文能力（普通话科）评核试

从 2001 年起，香港考试局推出教师语文能力评核（普通话科）考试，俗称基准试。基准试的设立，令普通话科成为独立学科的实施得到保证。有了足够的合格师资，全港上千所的中小学才能开课。开考的前几年，几千名香港普通话教师认真备战应战，很快顺利通过考试，达到基准。这些教师主要是香港本地教师，我们要为当年最早一批上岗的香港普通话教师点赞。

这项测试的目标，主要考察教师的四种语文能力：聆听与认辨，汉语拼音的拼写和译写，朗读与说话，课堂语言与运用。因而设四份考卷：卷一"聆听与认辨"，卷二"拼音"，卷三"口试"，卷四"课堂语言与运用"。中小学的普通话教师必须通过四卷考试达到及格或以上成绩，方能任教普通话科。试卷为百分制，分为 5 级，及格为三级 70—79 分，良好为四级 80—89 分，优秀为五级 90 分或以上。此考试同时开放给社会人士，但他们只能报考前三卷，第四卷课堂语言与运用,教育局只安排在校普通话教师报考。以2019年的评核成绩为例,1739人参加评核,"聆听与认辨"达标率62.5%,"拼音"达标率58.3%,"口语"达标率77.2%,"课堂语言与运用"达标率88.8%。每年达标率均有统计,并向全社会公开报告。由于参加评核者有教师,也有其他人士,每年各卷的达标率自然与参加评核者的普通话水平及知识有关,除卷四以外,达标率并不能完全反映教师情况。

基准试至今已实施19年共计20多次。现在每年测试一次,这是目前考评局举办的一个甚具规模的普通话水平测试。报考人数每年都在一两千人以上。截至目前,参加过评核的总人数约为43000人。

四 大学设立普通话提升课程,与国家语委共建普通话培训测试中心

(一)各所大学及持续进修学院设立普通话提升课程

香港各大学及持续进修学院十分注重提升学生普通话的水平,大都设有普通话的提高课程,侧重于应用方面,喜欢用"传意"一词作为课程名称。不少学校设有中文提升课程,大都用普通话教授。配合国家级普通话水平测试,大都设有测试预备班。普通话课程所用教材大都是各校自编教材。因篇幅所限,下面只能举几个例子说明。

香港岭南大学的中国语文教学与测试中心为全校学生开设必修的"中国语文传意(一)(二)"学分课程,每门课程3学分,修一学期。选修课程有"高级中国语文传意"、"商务中文传意"、"普通话水平测试备试课程"、"高级普通话会话训练"、"中文阅读与口头表达"及"中国传统戏曲欣赏入门"等。必修和选修课程,均用普通话教学中文。香港岭南大学是文商大学,注重博雅教育,重视中文和普通话学习。

香港中文大学教育学院于1998年9月成立"普通话教育与发展中心",推动普通话教育、测试、出版及研究工作。成立以来,做了大量扎实的推普工作。中心举办研修课程及讲座,例如,汉语拼音及拼音教学、普通话教师研修班等。试前培训课程是中心工作重点,开设"普通话水平测试强化训练课程"和"普通话科教师语文能力评核试前培训课程"。中心还有到校培训课程和服务,并提供语音指导及诊断服务。暑假举办小学生普通话暑期学堂。中心曾举办"普通话教育文学硕士学位课程"和"国际汉语教育文学硕士学位课程",为香港培养了一批教师骨干和推普专才。香港中文大学雅礼中国语文研习所开设"非华语人士普通话进修课程""华语人士普通话进修课程""非华语人士普通话本科课程""华语人士普通话本科课程"。这些课程向全校同学开放,均为选修课程。

香港教育大学的语文教育中心,开设给非中文主修同学的必修普通话课程有"初阶普通话""进阶普通话";选修为"高阶普通话"。另设选修课程"普通话水平测试预备班""教师语文能力评核(普通话科)预备班"等。这些课程服务于学生必考的普通话水平测试的需要,也服务于学生毕业后任教的需要。

香港浸会大学的语文中心为学生开设"初级普通话""中级普通话""实用普通话""高级普通话""深造普通话"等课程。另设置"商贸普通话""社交普通话""普通话表演艺术赏析""普通话口语表达训练"等课程供有需要的学生学习。香港浸会大学持续进修学院,管理学高级文凭课程和毅进文凭课程,在中国语文课程里都设有"普通话"课程。

香港澳大利亚伍伦贡书院/香港城市大学专上学院的语文及传意学部开设三门普

通话课程:"专业普通话"和"高级普通话"课程为应用中文专业学生必修,"普通话传意"课程为翻译专业、应用中文专业、双语传意专业学生必修。

香港科技大学,有 3 个学分的中文核心课程,给中文背景的同学开三门课:"基础中文传意:口语与写作""高阶中文传意:口语与写作"(以上教学语言有普通话和粤语两种供学生选择),"高级中文传意:口语与写作"用普通话教学。给非中文背景的同学开对外汉语课程,共 8 级。普通话课程主要是为报考国家级普通话水平测试的同学而设,有"普通话水平测试基础训练课程""普通话水平测试应试技巧训练课程"等。

(二)国家普通话水平测试(PSC)于香港实施 23 年

关于国家普通话水平测试在香港实施 20 年(1996—2016)的情况,我们已在《中国语言生活状况报告 2017》里著文介绍。这里做简要补充。

1996 年 4 月,国家语委普通话培训测试中心与香港大学签订合作协议,共同开展普通话水平测试。香港社会对国家普通话水平测试十分认可。此后至 2013 年,随着发展需要,14 家高校(机构)先后与国家语委普通话培训测试中心建立了合作关系,实现了由点到面的全覆盖。

国家普通话水平测试在香港开展后,"以测促训、以训保测"得到了较好的实现。随着测试规模的扩大,香港普通话水平测试员的队伍也日趋壮大,测试工作得以健康有序开展。截至 2019 年 5 月,香港具有国家级测试员资格的人士达到 174 人。目前香港地区的测试员队伍逐渐进入新老交替阶段,为基本满足本地区测试需要提供了人员保障。

开展测试 23 年来,参加过国家普通话水平测试的香港人士已经超过 13 万人次,产生了较为广泛的影响。年测试人数稳中

有升。2010 年以后,普通话水平测试进入平稳发展期,每年测试人数都在 6000 人左右。有的大学规定此测试为学生毕业的重要条件,例如,香港教育大学规定全校同学在校学习的四年中都要参加普通话水平测试,最少达到三级乙等的及格水平,中文系同学则要达到二级乙等的水平。香港恒生大学也要求全校同学参加测试达到及格以上水平,规定全校同学必修"应用普通话",选修"高级普通话",为参加测试打下基础。香港恒生大学自 2013 年开始测试工作,至 2019 年,共测试 12 期,考生从 2013 年的 75 人增至 2018 年的 1035 人。总共已测 3645 人。

五　香港民间普通话社团为推普工作作出巨大贡献

香港推普团体很多,本文主要介绍两个有历史的为香港政府批准的非营利免税学术团体,香港普通话研习社和香港中国语文学会。它们相继成立于 20 世纪 70 年代。四十多年前的香港有一批先知先觉的年轻人办起了推广普通话的团体,这在当时有多么困难是可以想见的。它们的兴办,为香港的有规模的推普工作拉开了序幕。

(一)香港普通话研习社

香港普通话研习社创建于 1976 年。创办初期有许耀赐、谭兆璋、张家城、冼锦维等人。后不断有人加入。他们不图名利,由小做到大,开办各类普通话课程和讲座,举办各类普通话活动和比赛,编写《普通话》教材(共修订三版)和报刊,现在正向网上学习平台发展。截至目前,研习社的学生计有 40 万之众,为香港社会推普打下良好基础。这一数字已令香港普通话研习社在香港推广普通话的历史上占有重要地位。研习社的创办人和后继者,对香港的推普工作作出了巨大贡献。筚路蓝缕之功不可没。

香港回归祖国以后,各级各类学校都开

办普通话课程，推普形势有所变化。2002年研习社作出一个大胆的决定，以自己的物业向银行贷款 450 万作为启动资金，向香港特区政府申请办一所小学——香港普通话研习社科技创意小学。当然建校资金及校舍由香港特区政府负责，香港特区政府给予了大力支持。小学的办学理念是"发挥办学团体香港普通话研习社'天下华人是一家，人人都说普通话'的精神，使学生能有效地与本地、内地及国外人士以普通话作沟通"，"以普通话作为中国语文及其他中文科目的教学语言"。并详细陈述了以普通话作为教学语言的理念的充分理由。目前，在香港特区政府决策者和众多学校对于"普教中"还有各种看法、还在犹豫不决时，早在 17 年前，香港普通话研习社科技创意小学已经实现了全部中文科以普通话为教学语言，而且取得了成功的经验。学生在学校得到全面发展的教育，健康成长。在香港学校的各类比赛中，科技创意小学共获得 600 多项奖项。毕业生升中学以后，多为中学的"普通话大使"，成为推普的种子。香港普通话研习社科技创意小学采用国家推广的普通话为教学语言，与内地和国际接轨，成为香港教育园地里的一块宝贵的试验田，可以预见将来会发挥重要的作用。

(二) 香港中国语文学会

1979 年创办，至今已经成立 40 年。是香港教师中心"学科团体"之一。创办人有姚德怀、毛钧年、游社煖等。学会成立以来，开办普通话和对外汉语课程，举办各类讲座和普通话比赛，举办国际研讨会。向香港及内地有关机构发出多项建议书和公开信，例如向香港有关部门提出的关于推行"普教中"时间表的建议信。学会与海内外语文学术界教育界有广泛联系。

1988 年，学会编写了《新编普通话教程 (初级、中级、高级)》教材，由香港三联书店出版。二十多年来，该套教材多次重印，广受欢迎。还编辑出版多种专著、译著、文集。2003 年 3 月主办"华语桥"网站 (http://huayuqiao.org)，这是国际同仁的一个交流网站，与世界各地学者交流研究和教学经验。学会还设有近现代汉语语源数据库。

学会集中学界的学术力量，陆续创办多本杂志，推广中国语文、中国文学和普通话，促进社会中文水平的提高。曾创办的杂志有 (1)《语文杂志》1—13 期 (1976—1986)；(2)《词库建设通讯》1—22 期 (1993—2000)。目前正在出版的杂志有 (3)《汉字改革》(香港) 1—5 期 (1980—1981)，后改名为《语文建设通讯 (香港)》6—119 期 (1982—2019)，120 期正待出版；(4)《文学论衡》1—35 期 (2002—2019) (已出版杂志均上载"华语圈")。

2017 年至 2019 年，学会与《文汇报》合办推普专栏——普通话双周专栏，对象是香港中学生，第一辑"普通话与世界"，第二辑"普通话大世界"，第三辑"普通话自由谈"，共发表短文 67 篇 (均上载"华语圈")。以生动活泼的文字诠释普通话的重要性及普通话的应用知识，具有实用性。

除了上述两个历史较长的推普学会之外，新兴的普通话社团如雨后春笋，这些社团团结了众多校内外的普通话教师，经常举办学习班、进修班及讲座，提高普通话教师的教学素质；也经常举办各级各类的普通话朗诵比赛、讲故事比赛，在推普中发挥了积极作用。

香港推普工作在各方面都取得了不少成果。希望未来，香港特区政府和教育局有更明确的政策、更有力的举措，特别是在"普教中"方面能突破目前的困局。各级各类学校能因应学生情况开办更多适合他们水平的课程，不断提升学生运用普通话的能力，令香港学生与人交流顺畅无障碍。学校是进行普通话教育的基地,责无旁贷。以目前香港社会推普的势头,普通话在香港成为流通语言之一,指日可待。就算会有一些坎坷,普通话在香港的发展将成大势,是不以任何人的意志为转移的。

参考文献

程祥徽、田小琳.2018.现代汉语(简体版).北京:北京师范大学出版社.

韩玉华.2014.普通话水平测试发展历程.北京:语文出版社.

钱芳.2019.香港普通话教学与研究.香港:商务印书馆.

田小琳.1997.香港中文教学和普通话教学论集.北京:人民教育出版社.

田小琳.2004.现代汉语教学与研究文集.香港:商务印书馆.

田小琳.2012.香港语言生活研究论集.北京:人民教育出版社.

田小琳.2016.语言文字应用研究文集.香港:三联书店.

田小琳、陈茜.2017.国家普通话测试香港二十年(1996—2016).中国语言生活状况报告(绿皮书).北京:商务印书馆.

王晖.2013.普通话水平测试阐要.北京:商务印书馆.

香港教育局/香港考试及评核局.2000.教师语文能力(普通话科)等级说明及评核纲要.香港:香港特别行政区政府印务局。

香港课程发展议会.1999.香港学校课程的整体检视报告——改革建议.香港:香港特别行政区政府印务局。

香港课程发展议会.2017.普通话科课程指引(小一至中三).香港:香港特别行政区政府印务局。

香港课程发展议会.2017.中国语文教育学习领域课程指引(小一至中六).香港:香港特别行政区政府印务局。

香港语文教育及研究常务委员会.2003.提升香港语文水平行动方案.语文教育检讨总结报告,香港:香港特别行政区政府印务局。

作者简介

田小琳,陕西西安人。香港岭南大学教授,全国普通话培训测试专家指导委员会委员,中国人民大学客座教授。学术任职包括中国语言学会理事、世界汉语教学学会常务理事、中国修辞学会副会长、香港中文教育学会副会长等。主要从事中国语言文字学的教学、研究、编辑及出版工作。电子邮箱:tinsiulam@yahoo.com.hk。

陈茜,山东淄博人。教育部语言文字应用研究所副研究员,中国社会科学院研究生院硕士生导师。国家语委普通话与文字应用培训测试中心培训处副处长。主要从事语言规划、普通话规范标准、应用语言学等方面的教学与研究。电子邮箱:chenqian2008@2008.sina.com。

Aspects of Putonghua Promotion in Hong Kong

Tin Siu Lam[1], Chen Qian[2]

[1]Lingnan University; [2]Institute of Applied Linguistics of Ministry of Education

Abstract: The progress that nearly half of Hong Kong people are now able to speak Putonghua is the result of a joint effort by the people devoted to promoting Putonghua of various circles in Hong Kong. The government's language policy of biliteracy and trilingualism meets the reality of the society. The Education Bureau has taken Putonghua into basic education as an independent subject. Schools at all levels attach importance to Putonghua education. All universities in Hong Kong provide Putonghua classes and Putonghua Proficiency Test service. Lots of communities, volunteers and teachers endeavor to promote Putonghua and social service. People from various circles especially business circle offer great assistance to Putonghua promotion. After the twenty-two year effort from government to civilian, the popularity of Putonghua in Hong Kong will hopefully catch up with the mainland.

Key words: Hong Kong; Biliteracy and Trilingualism; Putonghua Promotion; Putonghua Proficiency Test

New Dialect, Urbanization and Historical Sociolinguistics*

Inoue Fumio

Tokyo University of Foreign Studies

Abstract: This paper analyzes "new dialect" in the context of language standardization in modern Japan. The effect or merit of the concept of "new dialect" in studying urban language is the main topic of this paper. New dialect is a linguistic change in progress, and is a change from below. When investigations began 50 years ago in Japan, new dialect seemed to be a rare exception. However, in the lexical changes observed in the *Hamaogi* glossary, many new dialect forms have appeared. New dialect seems to have been created again and again over many years since before the modernization of Japan. New dialect represents a long linguistic history, and the change occurs and continues eternally. New dialect is a universal phenomenon which should be found in any language.

The technique of glottogram was applied. Standard forms can be metaphorically grasped as soft lava spreading quickly and forming a gently sloping mountain. New dialect forms can be grasped as hard lava, spreading slowly and forming a high and steep mountain. The comparison of the inner structure of local cities and their surrounding rural areas as discussed in this paper is one step forward for unification of the two main research fields of linguistic geography and sociolinguistics. A triangular bi-directional model of linguistic change involves birth of a new active approach towards speech among younger people.

Key words: new dialect; standardization; glottogram; Tsuruoka survey; historical sociolinguistics

1. Nationwide distribution of new dialect

Language standardization in Japanese

We will first survey the language standardization trends of Japanese. Modernization of Japan started in 1868 with the Meiji Restoration. It is believed that standardization progressed with the development of the education system and transportation, and that standardization progressed further after the Second World War (Inoue, 2003). At that time the myth or superstition of standardization was so strong that change in the direction of local dialects was inconceivable. People could not imagine the possibility of anti-standardization.

Fig 1 shows the stage for this paper. Tsuruoka city in northern Japan and its surrounding areas were investigated using multiple approaches (Inoue, 2001).

Linguistic change often takes the pattern of an S-shaped curve (Fig 2), which progresses in the pace of "slow quick quick slow" like the steps of a ballroom dance (Inoue, 2010a). Flattened S shape is

---

* This paper is a revised version of a lecture delivered at Fudan University on Sep. 24, 2019. A shortened version was delivered in plenary session of ULS17 at Shaanxi Normal University in Xi'an on Aug 25, 2019.

Fig 1   Survey areas of glottogram

utilized in the trademark design of cosmetics company Shiseido.

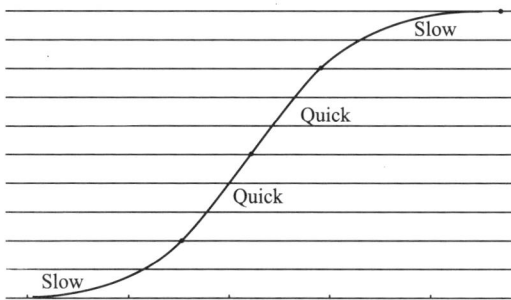

Fig 2   *S*-shaped curve of change

Fig 3 shows phonological and accent items according to the results of 3 surveys in Tsuruoka city (Kokuritsu, Kokugo & Kenkyūjo, 1953, 2007). The phonological phenomena progressed steadily from the middle stage to the last stage of the S shaped curve, with the 3 curves nearly overlapping. The pitch accent results show the early stages of propagation of the S-shaped curve. The slower propagation may be partly because accent is not represented in Japanese orthography.

When the three phonological curves and the three accent curves are combined together they form a beautiful S-shaped

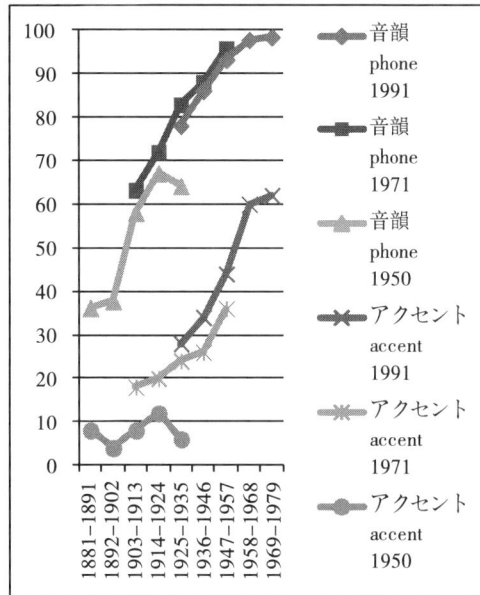

Fig 3   Phonology and accent in 3 Tsuruoka surveys by birth year (cohort)

curve as shown in Fig 4.

Definition of "new dialect"

However, standardization is not the only change in modern Japan. New dialect was found to be created and was spreading. New dialect is defined by three conditions: (1) a non-standard linguistic form; (2) used more among younger people; (3) in informal situations. It is a typical linguistic change in progress, and a change from below.

Discovery of "new dialect"

A new dialect form was discovered in the Shimokita survey of linguistic geography in 1964 (Inoue, 2000). Shimokita is the northernmost peninsula of Honshu Island. First a linguistic geographical survey of the old and young generations was conducted. Afterwards, a survey of all residents of a locality called Kamitaya was added. In both surveys, the dialectal form *Mochokari* ' ticklish ' showed an

11

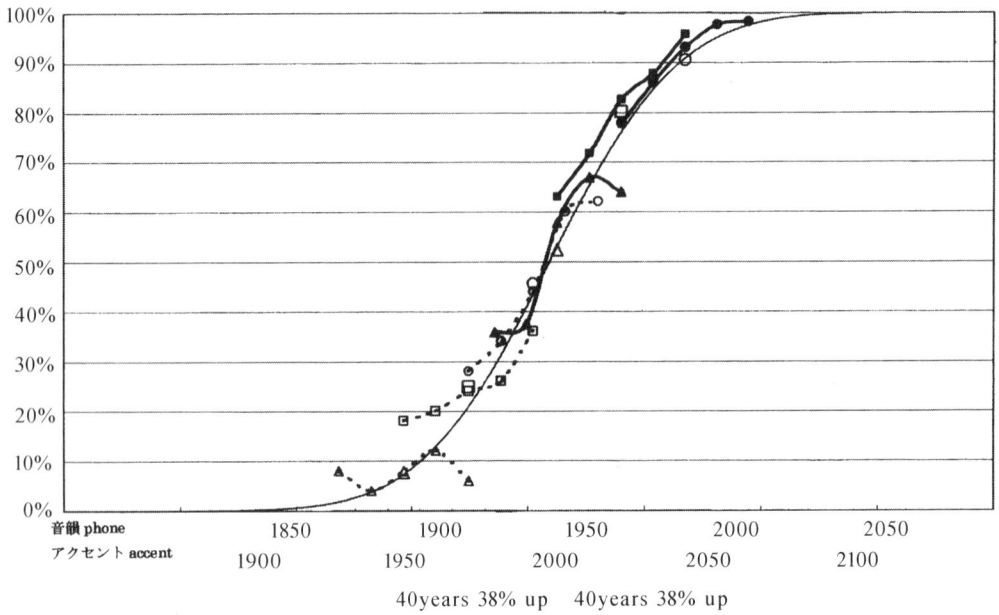

Fig 4　S-shaped curve of change: Tsuruoka phonology and accent

exceptional change, with the dialectal form increasing among younger informants. The graph in Fig 5 shows that *Mochokari* represented by the black circles is increasingly used by younger informants at Kamitaya. At that time this change was interpreted as a rare exception and its use was simply explained by folk etymology. *Kari* means 'itchy' in this area. Because of this folk etymology, the new dialect form *mochokari* must have sounded more meaningful than the older form *mochokoi*.

By the way this survey was repeated 20 years later and 40 years later. *Mochokari* was spreading 20 years later, but it was declining 40 years later because of the standard form *kusuguttai*. The future of new dialect is not always bright in the age of strong pressure of standard Japanese.

A survey concentrating on newly spreading dialect forms was later conducted

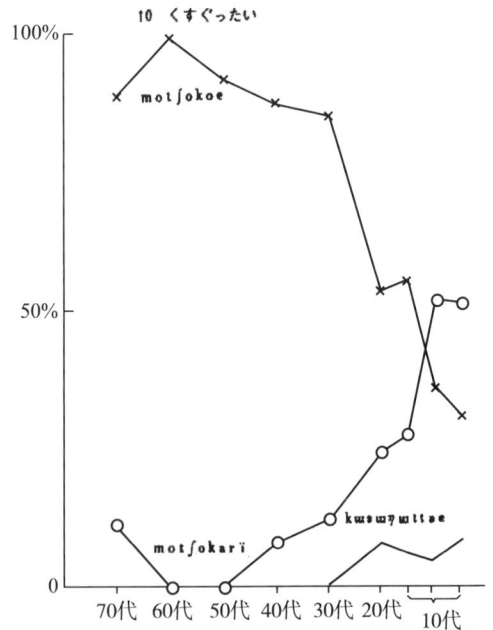

Fig 5　*Mochokari* 'ticklish': increasing dialectal form

in Hokkaido. Several new dialect forms were ascertained. Here in Fig 6 a typical change is shown. *Aotan* meaning 'bruise'

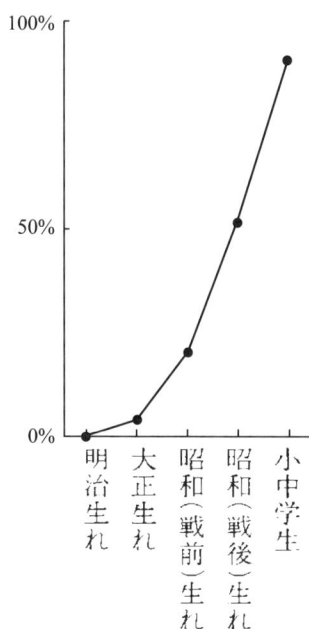

Fig 6 _Aotan_ 'bruise': Striking generational differences.

was not used at all among older people but used by nearly all younger people (Inoue, 1998). This is a linguistic change showing the most striking generational differences. Many more new dialect forms were found in this survey. Results of this survey have shown that the spread of dialect forms is not exceptional (Inoue & Hanzawa, 2017). The term "new dialect" was coined to match this.

New dialect and standardization

New dialect and standardization can be distinguished from one another in several ways (Inoue, 1998). New dialect is a linguistic change in progress. New dialect is a change from below. It is a natural linguistic change and historical continuity from the past to the present can be observed. It can thus work as an observatory of linguistic change. On the contrary standardization is typical of modern society. Standardization

is a change from above. It is connected with literacy and formal education. Standardization reflects social hierarchy or social discrimination.

New dialect in Japanese and English dialectology

The definition of new dialect in Japanese dialectology is rather different from Dr. Trudgill's definition of the same term in English dialectology. In Japan new dialect forms are newly born forms. And they signify individual linguistic changes. This makes it possible to count individual examples. On the other hand, English new dialect according to Trudgill is a new linguistic system as a whole. Concrete examples of such systems discussed in the European context include colonial language and urban language.

Nationwide distribution of new dialect

The nationwide distribution of new dialect will be the next topic. An umbrella model (Inoue, 1998), as shown in Fig 7, was once constructed to explain the mechanism of linguistic change. Standardization works as a pressure from above to all the areas of Japan. New dialect forms are created and adopted independently in many different places in Japan. At the colloquial level, daily speech in Tokyo has the same status as other local dialects. Situated at the rim of an umbrella, Tokyoites and local people exchange new dialectal words and expressions.

Dictionary of new dialect

Examples of new dialect are compiled digitally whenever reports of them are found. This has allowed for a dictionary to

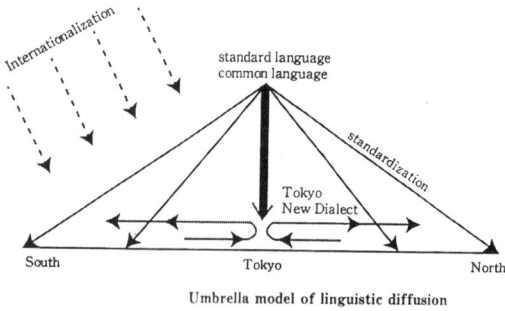

Fig 7　Umbrella model

be published. Its title is "New Japanese" (Inoue & Yarimizu, 2002).

Many new dialect forms which were born in the countryside and later adopted in Tokyo are extracted from the dictionary.

The whole data of the dictionary was put into the computer and the usage rates for prefectures were calculated as is shown in Fig 8. More examples of Tokyo new dialect are found in areas with frequent contact with Tokyo. The suburbs of Tokyo and Osaka area are two peaks.

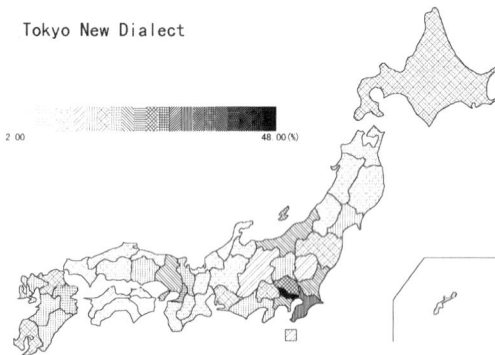

Fig 8　Nationwide distribution of Tokyo new dialect

2. Hamaogi glossary as data for historical sociolinguistics

Historical sociolinguistics of new dialect

Up to now, the new dialect forms of recent years have been addressed in research. New dialect looked to be a recent phenomenon. However, if we look into lexical changes observed over the past 250 years in a dialect glossary, a different picture appears. New dialect seems to have been created again and again over many years since before the modernization of Japan.

250 years of lexical change in Hamaogi

Next we will analyze a dialect glossary "Hamaogi　浜荻" (Inoue, 2000) compiled at Tsuruoka in 1767, based on follow-up surveys in 1950 and 2018[1]. The absolute time of linguistic change in lexical items in Hamaogi can be compared with the result of large-scale sociolinguistic surveys in Tsuruoka city, in which four surveys of phonological standardization, each 20 years apart and spread out between 1950 to 2010, show a beautiful S-shaped curve when connected, as shown in Figures 3 and 4. Results of these two kinds of surveys will be shown by overlapping the graphs.

The graph of Fig 9 shows the overall result of the Hamaogi surveys in 1950 and 2018. Total usage rates of individual informants are shown on the basis of birthyear. Approximation lines show beautiful correlation of usage rate with birthyear. Simple extrapolation shows that the usage rate was 100% in 1770 and will become 0% in 2065. The glossary was actually published in 1767 and the author was born in 1734. So the linguistic change seems to have been continuing at a constant speed

---

　①　1950 survey was conducted by Kokuritsu Kokugo Kenkyujo. 2018 survey was conducted as a joint research of Fumio Inoue and Yasushi Hanzawa.

for 250 years or a quarter of a millennium.

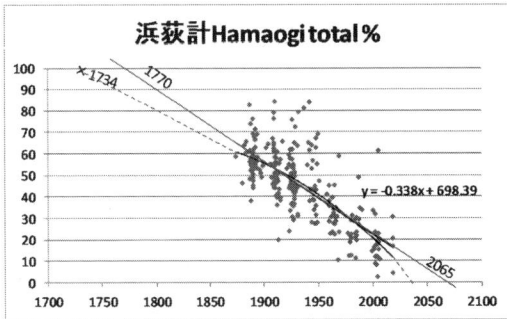

Fig 9　Usage rate and birthyear

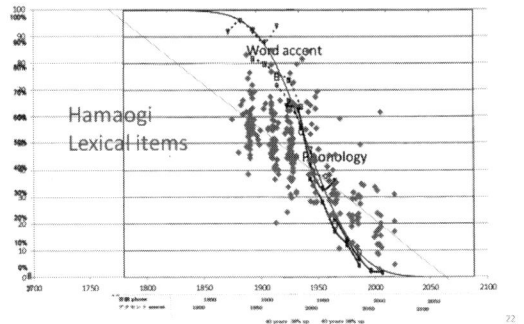

Fig 10　S-curve in Tsuruoka survey &
Hamaogi survey

Absolute time of linguistic change in lexical items in Hamaogi can be compared with the results of a large-scale sociolinguistic survey in Tsuruoka city, which we saw in Fig 3. The combination of the Hamaogi and Tsuruoka survey results of phonological standardization shows a beautiful S-shaped curve. The two results are shown in Fig 10 by overlapping them. Two results show that people born during the war seem to be the turning point of sudden linguistic change. The degrees of lexical and phonological change vary, however. For phonological phenomena shown in black lines the curve is steep and the change seems to have finished in 100 years. For lexical phenomena the curve shown by dots is gentle and the change seems to need about 300 years. Linguistic change proceeds faster for phonological phenomena because the number of components is smaller and more systematic, while it proceeds slower for lexical phenomena because the number of components is very large and unsystematic. This and other factors can explain the difference of the two phenomena.

It has often been argued that linguistic change in feudal ages must have been gradual and that great changes occurred as a result of modernization during the Meiji Restoration in 1868. Also, Americanization and democratization after the war in 1945 impacted language use. The lifestyle changed dramatically on these occasions. There is no pragmatic survey data on lexical changes during the feudal ages. However, there is no need to presume that lexical changes in feudal ages were gradual and in modern times abrupt. As the following analysis shows, lexical changes seem to have occurred continuously even in the feudal ages. Many words changed one by one and progressed slowly. Lexical changes are gradual as far as the data show.

There are conspicuous differences in usage rate among informants and among words. Fig 11 is a simplified representation of the raw data. Black dots show the usage of words recorded in Hamaogi glossary. 406 words were sorted by usage rate and classified into 4 groups. The least used words are labeled critical and, in ascending order, we have serious, unstable and stable groups.

15

7 generations	406 words				
birth year	critical 100	serious 106	unstable 100	stable 100	total
1880	•••	••••••••	•••••••••••••••	••••••••••••••	200
1881	•••	••••••••	••••••••••••••	• ••••••••••• •	180
1888		• •• ••	• •• ••••••• ••	••• ••• ••••••••	145
old					
1981		• • ••	•••• ••••••• ••	••••••• ••••••••	98
1984		• ••	••• ••••• •••	•••• ••••• ••	87
1986		•	•• •• •• ••	• ••• ••• ••	78
1981			•• •••	••• •• •	69
1982				••• • ••	45
1985				•• • •	30
young					
sum					

Fig 11   Hamaogi data simplified（406 words and 4 groups）

Historical sociolinguistics of Shonai Hamaogi

The graph above shows the overall trend of all the words of all the informants. A more detailed sociolinguistic analysis can be carried out by examining two dimensions. One dimension is internal, or linguistic. For this, the columns of the graph above and the linguistic characteristics of the words will be analyzed. Percentage of usage will be compared with frequency of usage, semantic field and realia. In this paper 406 words are divided into 4 groups according to total usage rate.

The other dimension is external or non-linguistic. The lines of the data above will be analyzed to see the extralinguistic characteristics of the speakers. The number of informants of 7 generations is about 400. The relationship of words according to age, gender, occupation, education and birthplace can be analyzed. The results of this analysis will be reported in later papers.

Dialect disappearance and repeated appearance of new dialect

When we look into lexical differences among the words investigated, a different picture appears. 406 words will be classified individually from now on. Most of the dialectal word forms disappeared from usage over the past 250 years or in a quarter of a millennium. However, new dialect has appeared repeatedly in place of many words.

406 words were first grouped according to whole usage rate as critical, serious, unstable and stable. Then words are allotted into 4 historical changes of obsolete, new dialect, standardization and modern colloquial, in terms of which word form has been adopted by the most recent, youngest generation.

The overall results of division into 4 groups is shown in Fig 12. The first pillar is for the 100 **critical** words. The upper striped pattern part shows that many belong to obsolete words, that is, the words which disappeared without leaving any alternative expressions. These are mainly words which are connected with the lifestyle in the feudal ages. 7 dark words changed into other dialectal forms, adopting new dialect forms. Many words disappeared and were replaced by standardized word forms because of standardization.

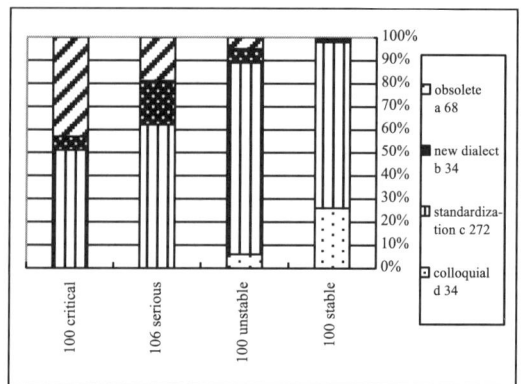

Fig 12   Hamaogi data：4 groups（406 words and 4 groups）

The second pillar is for the 106 **serious** words. There are some obsolete words in striped pattern which simply disappeared from vocabulary. Importantly, there are also 20 dark words adopting new dialect forms. Many words are disappearing, and standard language is used instead because of standardization.

The third pillar is for the 100 **unstable** words. Most of the words are disappearing because of standardization. But a few dark words changed into new dialect forms. There are some pale colloquial words which coincide with modern colloquial words used in downtown Tokyo in daily conversation.

The fourth pillar is for the 100 **stable** words. Most are words disappearing because of standardization. There are also a few dark words which have adopted new dialect forms. Some pale words are all colloquial words which coincide with modern colloquial words used in downtown Tokyo. They are used even today partly because they are basic vocabulary and are used frequently in daily conversation. It tells that only a portion of the dialectal words recorded 250 years ago are used now. And the main reason for continued use is that the word forms coincide with modern colloquial words in Tokyo.

The graph can be explained in terms of the properties of each pillar. As shown so far, the 406 words recorded 250 years ago differ in terms of their vitality today. The same graph can also be explained in terms of the properties of each color.

(a) Some words in Hamaogi became obsolete, or simply disappeared, mainly in critical and serious groups.

(b) A dark portion of words changed word forms so new dialect forms are used instead, mainly in the serious group. They constitute a part of the destiny of the 406 words.

(c) Most words are disappearing and standard Japanese word forms are used instead, it is the most prevalent type found in all the 4 groups, especially in the unstable group.

(d) Some pale words are still commonly used, likely because they coincide with modern colloquial word forms. They constitute a sizeable portion of the stable group.

New dialect as a universal phenomenon

In all, about 40 (=7+20+6+7) new dialect words have been found to have changed into different new dialect forms over the last 250 years. That is about 10% of the dialectal words recorded 250 years ago. This shows that standardization or centralization of language is not the only direction of change. Dialects maintained power of their own and produced their own new descendants. When investigations began 50 years ago in Japan, new dialect seemed to be a rare exception. However as is shown in the lexical changes observed in the Hamaogi glossary, many new dialect forms have appeared. New dialect represents a long linguistic history, and the change occurs and continues eternally. It reflects the dialectal language history of Japan. New dialect is a universal phenomenon which should be found in any language.

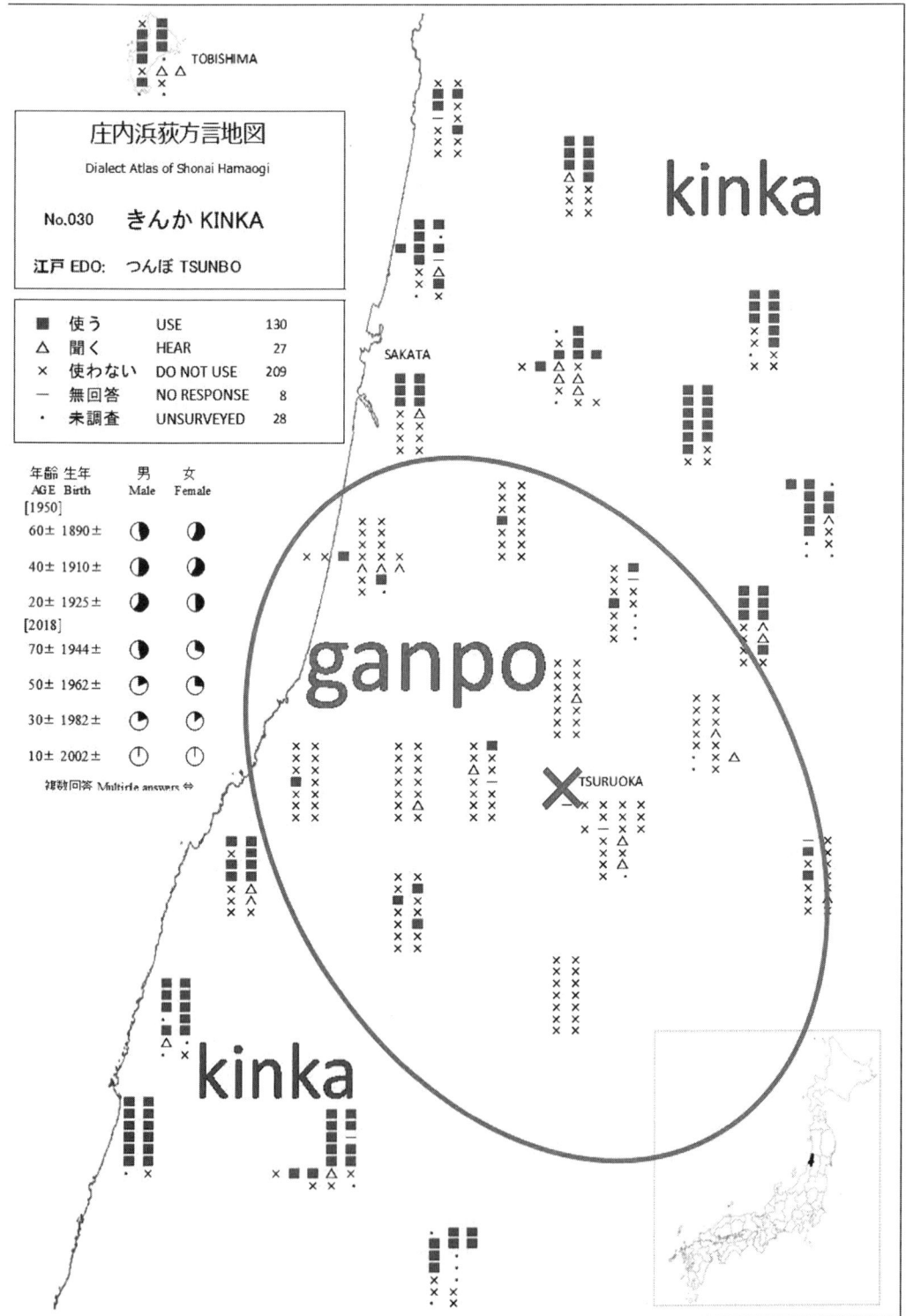

Fig 13   Change from *kinka* to *ganpo* in 3D glottogram of Shonai Hamaogi

3D glottogram

Thus far, glottograms were mainly drawn along a linear area, so that spatial distribution was difficult to ascertain (Inoue, 2000, 2003). However, in the study of "Hamaogi" glossary, the whole area of Shonai district was investigated. This is a development or evolution from a usual two-dimensional glottogram to a three-dimensional glottogram. Dialect diffusion on a geographical space can be observed faithfully.

As a typical example, Fig 13 shows spatial diffusion of new dialect form *ganpo* (deaf, hard of hearing) from the central city Tsuruoka (Inoue, 2000). *Kinka* which was recorded in Hamaogi is used in the peripheries of Shonai district. *Ganpo* is recorded in a dialect dictionary published in 1891 in Tsuruoka, so that change from *kinka* to *ganpo* must have occurred in the late feudal period or in the early modern period.

Historical dialectology

By making use of old records of dialect, linguistic geography can be connected with historical linguistics, constituting a field of historical dialectology. The dialectal expressions for *kawaii* = 'cute' are a good example. In this extreme case many new dialect forms appeared one after the other over 250 years.

We will see dialectal differences in the local city of Tsuruoka and its surrounding areas. Fig 14 is an enlarged map of the area around Tsuruoka city. The glottogram technique was applied in this area in 1974. The black line in the map on the right-hand side shows the localities investigated. The

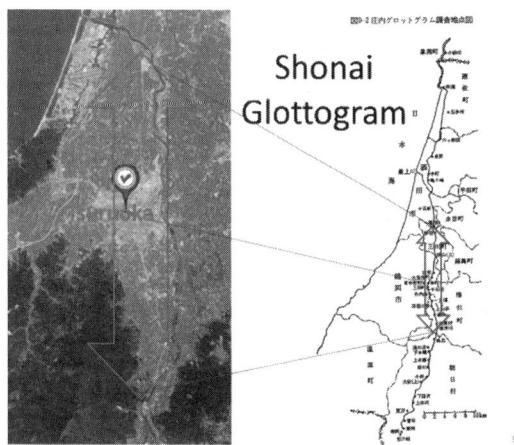

Fig 14　Field of survey of Shonai glottogram

large arrow shows the area which will be re-analyzed in this paper. The area is shown again on the space map on the left-hand side. The balloon shows the center of Tsuruoka city.

Fig 15 is a linguistic map of Shonai district (Inoue, 2009) around Tsuruoka city where Hamaogi glossary was compiled. The field survey was conducted in 1969, or just half a century ago. Linguistic distribution of *kawaii* 'cute' was one of the items investigated. The ultimate etymology is *megushi* which was recorded in the 8th century. The dialectal form in northern Japan was *megoi* which is also recorded in Hamaogi. This *megoi* is shown by black squares and was still used in several places in the southern part of this area in 1969. The next new dialect form is *mengoi* shown by circles and was prevalent in the whole area. A form *menkoi* with voiceless k shown by triangles was sporadically used in the southernmost part of the area. The most recent form *mekkoi* shown by bold circles, was found in the southern part of the survey area.

19

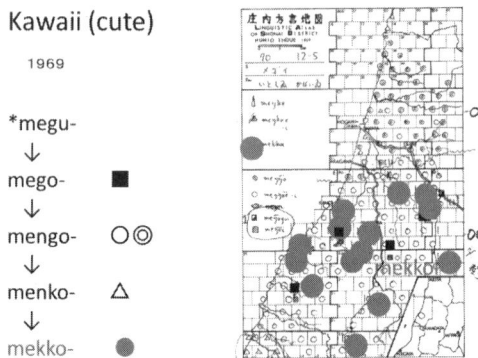

Fig 15   Geographical distribution of "kawaii" in Shonai district (1969)

The graph in Fig 16 includes glottograms with more recent trends. Combined, the two glottograms show usage rates over more than a 100-year time span according to birthyear. The more recent survey on the bottom covers twice as many areas. Black square *megoi* is still used among the elderly people on the left-hand side. Circles *mekkoi* are used more among younger people on the right-hand side. 4 steps of change of new dialect can be seen in these glottograms:

megoi＞mengoi＞menkoi＞mekkoi

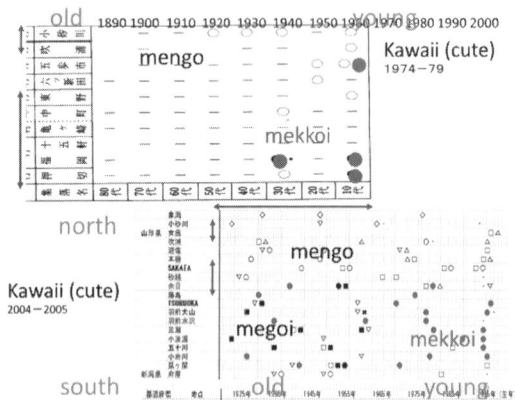

Fig 16   Glottograms of "kawaii" in Shonai district

These concrete examples above from the Shonai district surrounding Tsuruoka city have given ample evidence of formation of new dialect. New dialect is not an exception. It is a linguistic change which has occurred continuously for a long time.

The nationwide distribution map of *kawaii* is shown in Fig 17. This was made public by Matsumoto (2018). *Megoi* and *Mengoi* groups are mainly distributed in the northern part of Japan, and standard *kawaii* is used around Kyoto and Tokyo areas, although there are various forms in the other areas.

Kawaii is now used worldwide as a "lend word" or "export word" (Inoue, 2015; 井上, 2018), owing to Japanese pop culture. Three written forms in Chinese characters, roman alphabet and hiragana syllabary were searched by google trends in 2019, as shown in Fig 18. Alphabet *kawaii* is used in the US and some other countries. This international trend is also reflected in the local distribution of *kawaii* among young informants around Tsuruoka city as was shown in Fig 16. Thus, the future of new dialect *kawaii* is not bright.

3. Geographical and social distances

On the basis of more concrete survey data in the same field of historical dialectology, we will next consider geographical and social distances. The relation between social class and language can be reanalyzed here. Urban and rural differences are basically a social distinction. The distance between the city center and rural areas is geographically small, but if communication

「かわいい」

「凡例」
- ・ カワイイ （カウェー・カワイカ・カワイゲナ等）
- ○ カワイラシイ （カウェラシイ・ケラシイ等）
- ★ カイラシ （カイラシイ・カーイラス等）
- ᴷ カワイセ （←かわいそう。長野）
- ▲ メンコイ （メンケ等）
- △ メゴイ （メゲエ・メゴエ・メンゴイ・モゴイ等）
- ◑ ムゾイ （ムゼー・ムジッケエ・ミジョイ・ミゾカ・ムジョカ・モゾカ・モゾラシカ等）
- ⊕ イトシゲナ （イトオシゲ佐渡）
- ⋒ キノドクナ
- ᴱ エチャケナ （イチャケナ）
- ⫿ ケッコウ （ケッコイ香川）
- ⇩ エエラシイ （エラシイ・エエラシカ）
- ✿ ヤーラシカ （←やわい。コヤラシカ）
- ♥ アイラシイ （アイラシカ）

△メゴイ，▲メンコイ (西は大分,広島等)
◑ムゾイ (東は福島)
⇩エエラシイ
⊕イトシゲナ
♥アイラシイ (東は伊豆半島)
・カワイイ
○カワイラシイ
★カイラシ
✿ヤーラシカ

menkoi

megoi

kawaii

カワイイ

奄美
- ᴷᴵ キョラムン
- ᴹᴰ モドサ
- ⚲ ハナサ・ハナシャン
- ᴷᴺ カナァイ
- ·ᴾᵁ ブシャギサル

沖縄
- ⚲ ウジョラーサヌ・ウジラーサヌ
- ⚲ スラ （スラムン）
- ⚲ カナシイ （カナサル・カナッサ・カナーダル）
- ᴬᴾ アバラギ   ˢᴰ シンダル
- ᴺᴰ ンダラル   ᴬᵀ アッタラサール

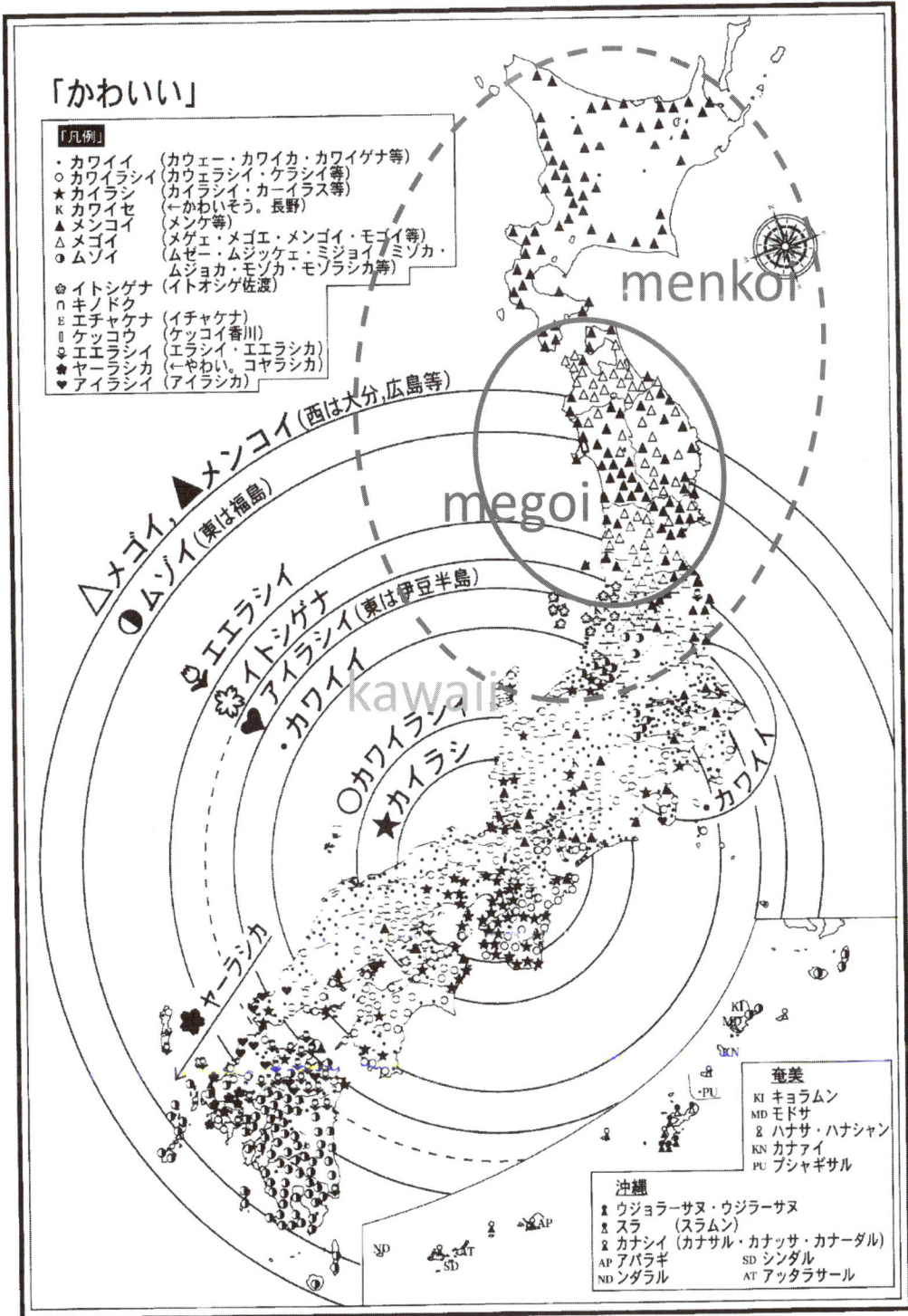

Fig 17　Nationwide distribution of "kawaii"

Google trends 可愛 kawaii かわいい

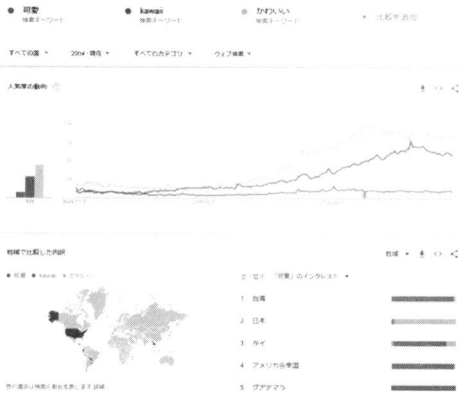

Fig 18   Worldwide distribution of "kawaii"

Shonai Glottogram (kureru > keru)
Tsuruoka

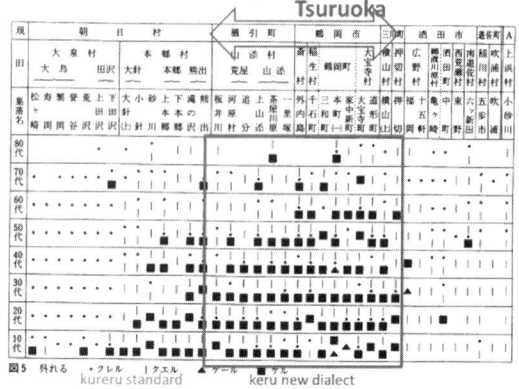

Fig 19   Glottograms of "kureru" in Shonai district

distance is calculated taking the social distance into account, it is large. Hypothetical contour lines can be drawn around a city to represent this social distance. An attempt to find differences between Tsuruoka city and its suburbs has shown that approximately one generation of differences can be detected, which is in congruence with the results of the re-analysis of the data.

Here, overall trends in new dialect forms in the Shonai glottogram will be analyzed (Inoue, 2016, 2017). This time the new dialect form *keru*, shown in Fig 19 by large black squares, will be re-analyzed. *Keru* is a new simplified form of *kureru* 'give' and used more by younger people near the city center. Many more new dialect forms were discovered in this survey. Please note that the distances between localities of this glottogram are not to scale. Also, age of birth is shown in ten-year intervals. In the following revised glottograms both distance and age are shown faithfully. The revised glottograms show the areas inside the square in Fig 19.

In order to grasp the general distribution pattern, the standard forms of 20 words have been recompiled and re-analyzed as aggregate data. The total sum of usage of standard forms is shown by symbols in the glottogram of Fig 20. As expected, young speakers in Tsuruoka city center use more standard forms than the other speakers. The approximate lines are added to show the general tendency. The lines can be grasped metaphorically as three gently-sloping mountains. Standardization is remarkable in the central areas of Tsuruoka city. Different degrees of acceptance of standard forms are observed throughout the survey area. The communication gap between urban Tsuruoka and suburban rural areas does not seem significant when compared with a new dialect form shown next.

In Fig 21, when all the data of 16 new dialect forms were assembled and shown in one glottogram, a pattern seemingly similar to that of standardization appeared. Use of new dialect forms is prevalent

Standardization around Tsuruoka

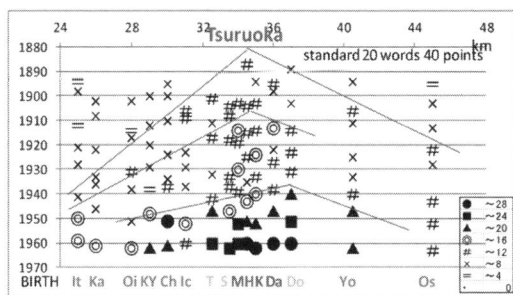

Fig 20 Usage rate of standard Japanese
in Shonai Glottograms

New dialect around Tsuruoka

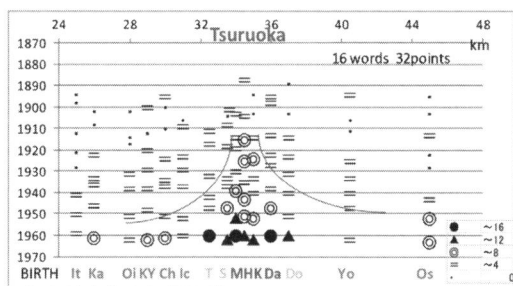

Fig 21 Usage rate of new dialect
in Shonai Glottograms

among young speakers in the city center. However, a noticeable difference can be detected. The new dialect forms do not show the simple mountain type distribution. Rather they show a pattern like a steep *conide* type volcano, like Mt Fuji. This means that the new dialect forms born and adopted in Tsuruoka city center are passed on or handed over to the next generation, but they do not easily diffuse or propagate to the neighboring rural areas. It seems as if there is a barrier between the city center and rural areas.

The relation above can be graphically (or impressionistically) shown in Fig 22

Simplified glottogram
old < young   rural < urban

- Greater age difference
  for standard
- Young urban speakers
  for new dialect

Fig 22 Simplified usage rate of standard
and new dialect

using 4 or 3 gradients of shade. For standard language on the left-hand side, age difference is greater. The graph shows that young rural people use more standard forms than elderly urban people. The degree of usage of new dialect on the right-hand side is similar for elderly urban people and young rural people. The numerical value of urban young people is strikingly great. 3 degrees of shade are used for new dialect.

Pattern and speed of diffusion of standard and new dialect

Thus, we have seen the differences between two types of linguistic change in progress (Labov, 1972). Standard forms can be metaphorically grasped as soft lava spreading quickly and forming a gently sloping mountain, like an *aspite* type volcano, such as Hawaiian Mauna Kea. New dialect forms can be grasped as hard lava, spreading slowly and forming a high and steep mountain, like a *conide* type such as Mt. Fuji.

The speeds of diffusion of standard and new dialect forms around Tsuruoka

Diffusion speed around Tsuruoka city

- New dialect新方言
  - New dialect 0.33 km/y

- Standard language標準語
  - Standard language 0.28 km/y

- contour line等高線 cf. isogloss
- Local cities as small mountains

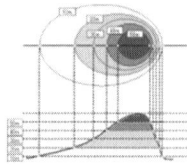

Fig 23   Diffusion speed around Tsuruoka city

city can be calculated by making use of the volcano pattern seen in the glottograms. Using age differences and locality distances, the average speed of diffusion was found to be between 0. 1 km/y and 0.3 km/y, which is slow compared to the nationwide speed (Inoue, 2003, 2007, 2010b; 李,2014). This can be explained by the fact that communication between the citizens of Tsuruoka city center and the inhabitants of the rural area is not frequent or dense. The differences can be represented on a map as contour lines (Fig 23). High mountains and large rivers have been pointed out as obstacles of communication and propagation. These are natural obstacles. The boundaries between urban and rural areas should be admitted as obstacles too. These are social obstacles. These hindrances for communication can be graphically represented by numbers of lines in the form of contour lines. These contour lines can be also interpreted as social strata.

Geographical and social distances

When calculating the diffusion speed of linguistic forms, it is advisable to take into account the social dimension. The distance between the city center and rural areas is geographically short, but if the social distance is taken into account, the communication distance is large. Hypothetical contour lines can be drawn around a city to represent this social distance. The attempt to find differences between Tsuruoka city and the suburbs so far has shown that approximately one generation of differences can be detected, which is in congruence with the results of this re-analysis of the glottogram data.

Rural delay = Urban prestige

We can call the phenomena discussed above, "rural delay". This is a mirror image of "urban prestige". This is common sense knowledge of dialectologists and sociolinguists. By putting this usual, common process as a basic principle, exceptional behavior of some new dialect forms which were created in rural areas and diffuse from rural areas to urban areas will become more prominent. A number of concrete examples of reverse (backward) trends of some Tokyo new dialect have been found over the past several decades. However, in order to actually measure social and geographical differences, this phenomenon must be studied more carefully and formally.

4. Combination of dialectology and sociolinguistics

Thus far in dialectology NORM or Non-mobile Old Rural Male has been the main target of study. Sociolinguistic studies of urban areas have undergone development since the latter half of the 20th century, and are mainly concerned with the various socioeconomic strata (Inoue, 2011, 2015). At the other extreme of NORM, study of MYUF or Mobile Young Urban Female may be crucial in order to properly explain linguistic change of standardization and new dialect. A typical case of MYUF is a woman coming from the countryside to marry an urban man. Such women tend to unconsciously bring in local dialect features to their children. But MYUF have been largely ignored in usual surveys of linguistic geography. The comparison of the inner structure of local cities and their surrounding rural areas as discussed in this paper is one step forward for unification of the two main research fields of linguistic geography and sociolinguistics.

It is a common sense observation that language standardization progresses during the process of urbanization. Changes similar to that observed in the Tsuruoka survey may be observable all over the world. For example, Putonghua will diffuse steadily in China even without any conscious language policy. Sociolinguistic surveys will reveal processes and universal laws of diffusion even if based on a simple idea of unidirectional change. These are changes characterized by great variety and starting from above. However, the introduction of another standpoint, another direction of change from below, will be more fruitful. This direction of change is governed by covert prestige, as in the case of new dialect. This phenomenon is not a change specific to the modern world and urbanization. It is continuation of natural

linguistic change which has always been occurring in the long history of languages. The survey results will correspond with change in pronunciation, the topic of Labov's study in New York.

Basic mechanisms may be more complex; social network, small group, solidarity, and consciousness of companionship may be crucial in the adoption of new dialectal forms. Whole populations should be classified not in two extreme groups of old and new, but in three groups of old, new High and new Low as is shown in Fig 24. By dividing the population into three, the basic mechanism of change and basic structure of residents will become clearer. Backward or reverse movement of new dialect in linguistic geographical distribution can be partly explained by the mechanism of covert prestige in the new low group. It is advisable to adopt the concept of new dialect found in linguistic geography and to apply it in the field of urban language studies. I believe this triangle model or bi-directional model is more productive and more informative than a simple mono-directional model of change. In order to utilize this useful information, it is necessary to intentionally include linguistic research items of anti-standardization. Search for new dialect forms is necessary. Simple uni-directional change sometimes reveals disappearance of traditional life, decline of old beautiful custom. However, triangular bi-directional change involves birth of new active lifestyle among younger people: a hope for bright new society.

New dialect forms are often suspected as a misinterpretation of ephemeral fad

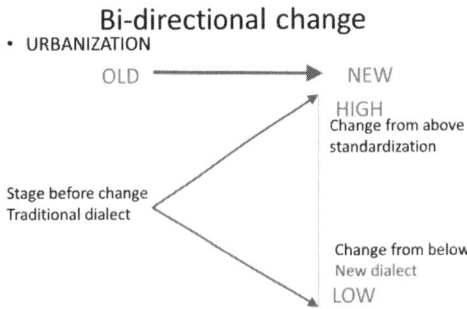

Fig 24　Bidirectional change

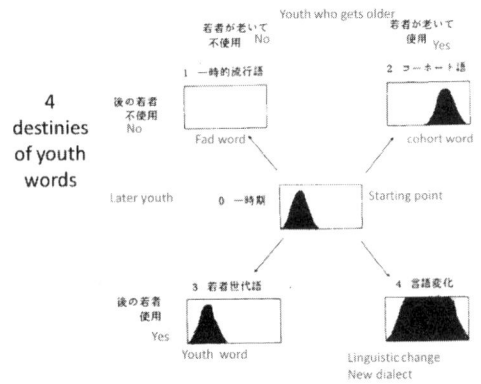

Fig 25　Four directions of youth words

words or words in fashion. In order to recognize the proper status of new dialect, it is necessary to position it among similar phenomena. Fig 25 shows 4 directions of change or destiny of words which was once used among younger people. The starting point is shown in the center as 0. The upper part shows usage by the youth who became older. Case 1 is ephemeral fad word or word in fashion. They are not used and become old-fashioned. In Case 2 cohort words are shown. Cohort is a technical term used in sociology, it means people born at the same year or at the same decade. The post war generation, Beatle generation or Vietnam war generation are examples. In these, words used in the past are still remembered and used by the people who became older. Some keywords which were typically used in their young days are examples. In these two cases later youth (youth who were born later) do not use the words.

The lower half of the figure shows the words which are adopted by the later youth. Case 3 is a youth word. They are the words used only when people are young. People stop using the words when they be-

come older, but later youth generations adopt the same word. Jargon and slang in school or in university are examples. In Case 4 the word is adopted by later youth and also youth who became older continue using it. New words for new technology often take this pattern. For example, words connected with mobile phone and smart phone were first used mainly by younger people at the beginning but later become prevalent among almost all members. This pattern is also observable in ordinary linguistic change.

The important phenomenon is the 4th one, linguistic change in progress. New dialect is one of the typical cases of linguistic change in progress.

New dialect in Chinese *tai ban*

As a typical case of linguistic change in progress in Chinese, "*tai ban*" can be mentioned. It is said to have been born in Shanghai. Propagating from Shanghai in the late 20th century to eastern areas is observed by Google search, recorded in 2011. Google insights is an old name of Google trends. "*Tai ban*" was used in the eastern seaside areas of China at that time.

In 2019 only data in Taiwan is available (Fig 26). Great use around 2012 and later less use were observed, but constantly increasing until 2018. Perhaps people who first heard the word search in order to know the meaning. Thus, these trends reflect actual usage rate of the words. *Tai ban* is not an ephemeral fad word. It is spreading constantly. It is a typical new dialect item in Chinese. It will be established in the future Chinese language as an example of linguistic change in progress, which was amply observed in American English by Professor William Labov from 1960s and until now.

New dialect in Chinese
Google trends太棒 2004 —2019. 09.06

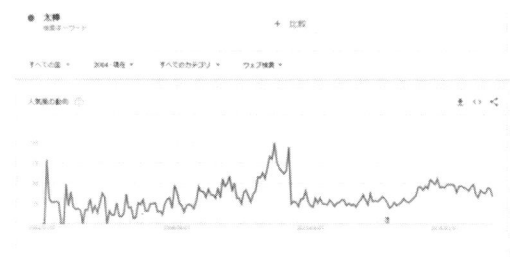

Fig 26   New dialect in Chinese *"tai ban"*

New dialect souvenirs in Japan

New dialect forms are observed in the semantic field of the exaggerating expression of "very" in many places in Japan. Some of the new dialect is utilized for commercial purpose of souvenirs. Some of them are listed from west to east. *"Tege"* in Miyazaki, *"chikappa"* in Fukuoka, *"gabai"* in Saga, *"buchi"* in Yamaguchi, *"muchakucha mechakucha metcha metta messa"* in Osaka, *"doeryaa dera"* in Nagoya, *"ikinari"* in Sendai, *"namara"* in Ni-

igata and Hokkaido.

Urbanization and linguistic change

Urbanization is progressing all over the world. Urban language studies will become more important in the future. Industrialization and the decline of agriculture are basic mechanisms. Linguistic diffusion is not simplistic, it is not unidirectional, and often displays backflow. The simple idea of unilateral linguistic diffusion from the urban center to the periphery is not adequate. In the case of new dialect, the movements from the suburbs to the city center and from the countryside to metropolis are observed. Such backflow must have occurred in the past too. Prestige of the urban center is not the only mechanism of linguistic diffusion. Linguistic change is complex and multifarious in modernized society. This variety of mechanisms is the topic which urban studies of sociolinguistics must cope with. The marriage of dialectology and sociolinguistics will bring rich results for further elucidation of linguistic variation, though I do not know which will be the wife and which will be the husband.

References *

Inoue F. 1998. *Nihongo uotchingu* [Japanese language watching].Iwanami Shoten.

Inoue F. 2000. *Tohoku hogen no hensen* [Transitions of the Tohoku dialect].Akiyama Shoten.

Inoue F. 2001. *Keiryotekihogenkukaku* [Quantitative dialect classification]. Meiji Shoin.

———————————

* English papers by F. Inoue before 2002 are accessible through the internet; http://dictionary. sanseido-publ. co. jp/affil/person/inoue _ fumio/doc/http://www. urayasu. meikai. ac. jp/japanese/meikainihongo/18ex/achievements.xls.

Inoue F. 2003. *Nihongowanensoku* 1 *kilo de ugoku*［Japanese language moves 1 km per year］. Kodansha.

Inoue F. 2007. *Kawaruhogenugokuhyojungo*［Changing dialects and moving standard］. Chikuma Shinsho.

Inoue F. 2009. *Shonaihogenchizu*［Linguistic Atlas of Shonai Hamaogi］. http://www. urayasu. meikai. ac. jp/japanese/inoue/LASD目次.htm.

Inoue F. 2010. S-shaped curve of phonological standardization—six surveys in Tsuruoka and Yamazoe areas. *Slavia Centralis SCN*, III/1.

Inoue F. 2010. Real and apparent time clues to the speed of dialect diffusion. *Dialectologia*, 5.

Inoue F. 2011. *Keizai gengogakuronko*［Papers on Econolinguistics］.Meiji Shoin.

Inoue F. 2015. The economic status of Chinese and Japanese：an international survey, internet searches and linguistic landscape. *China Language Strategies*, 2(1).

Inoue F. 2016. A century of language change in progress：New dialect in Tsuruoka. *Dialectologia*, 17. https://www. raco. cat/index. php/Dialectologia/article/viewFile/312057/402149.

Inoue F.2017. Age-area distribution of linguistic change in progress observed in glottograms. *Dialekt / Dialect* 2.0 *Lang fassungen / Long papers*, PraesensVerlag.

Inoue F, Hanzawa Y. 2017. Observation of linguistic change in progress through real time comparison of glottogram data. In VugarSultanzade et al. (Eds.), *VIII. Congress of international society for dialectology and geolinguistics*. Eastern Mediterranean University Press.

Inoue F, Yarimizu K. 2002. *Jiten*：*Atarashii Nihongo*［Dictionary：New Japanese language］. Tokyo Shorin.

KokuritsuKokugoKenkyūjo. 1953 *Chiikishakai no gengoseikatsu*：*Tsuruokaniokerujittaichosa*［Language life of the speech community：practical survey in Tsuruoka］. Kokuritsu Kokugo Kenkyūjo.

Kokuritsu Kokugo Kenkyūjo. 2007 *Chiikishakai no gengoseikatsu*：*Tsuruokaniokeru* 20 *nenkankaku san kai no keizokuchosa*［Language life of the speech community：The Tsuruoka survey, three times with twenty year—intervals］. Kokuritsu Kokugo Kenkyūjo. http://www2. ninjal. ac. jp/keinen/turuoka/files/TLS_survey_result_digest.pdf.

Labov W. 1972. Some principles of linguistic methodology. *Language in Society*, 1(1).

Matsumoto O. 2018. Hogenbunpuzu de tadorunihon no kokoro 5" *Kotoba* Summer 2018.

井上史雄. 2018.语言景观与语言经济. 中国语言战略(1).

李仲民.2014.地理语言学的实践.台中：一切智智.

Brief Introduction to the Contributor

Inoue Fumio, Professor Emeritus of Tokyo University of Foreign Studies. His research field is sociolinguistics. Email：innowayf@nifty.com.

作者简介

井上史雄,博士(文学)。日本东京外国语大学名誉教授。研究领域：社会语言学。电子邮箱：innowayf @ nifty.com。

新方言，城市化和历史社会语言学

井上史雄

东京外国语大学

提　要:本文分析了"新方言"在现代日本语言规范化语境中的作用。"新方言"概念在城市语言研究中的作用或价值是本文的主要研究课题。新方言是一种正在发展的语言变化，是一种自下而上的语言变化。50 年前，当调查在日本开始时，新方言似乎是一个罕见的例外。然而，在哈茂吉语词汇的词汇变化中，出现了许多新的方言形式。新的方言似乎是在日本现代化之前的很多年里一次又一次创造出来的。新方言代表了漫长的语言历史，它的变化是永恒的。新方言是任何语言都存在的普遍现象。

本研究运用了 glottogram 方法。标准形式可以比喻为软熔岩迅速蔓延，形成一个平缓的斜坡山。新的方言形式可以理解为坚硬的熔岩，缓慢蔓延，形成一个高而陡峭的山。本文所讨论的地方城市内部结构与周边农村地区内部结构的比较，是语言地理学和社会语言学两个主要研究领域走向统一的一步。语言变化的三角双向模型显示年轻人使用新的积极的方式进行语言表达。

关键词：新方言；标准化；glottogram；鹤冈市调查；历史社会语言学

澳门特区语言政策的政策体系析评

鄞益奋

澳门理工学院

提　要：澳门特区语言政策可区分为语言教育政策、语言人才政策以及语言文化政策三个组成部分。从整体上看，澳门特区语言政策形成了重视语言教育、优先强调"两文""三语"教育、支持其他外语学习的基本特性。同时，澳门特区语言政策也非常重视语言人才的培养，较为注重语言政策与多元文化保育的契合性。未来澳门特区需要形成更为整体性的语言政策，协调中、葡、英三语教育，推进中葡双语人才培养基地的建设。

关键词：语言政策；语言教育政策；语言人才政策；语言文化政策

一　语言教育政策

语言教育政策是澳门特区语言政策的核心部分。从属性上看，语言教育政策既是语言政策的内容，也是教育政策的内容，它是语言政策同教育政策的交叉和重叠。按照《澳门基本法》第一百二十一条规定："澳门特别区政府自行制定教育政策，包括教育体制和管理、教学语言、经费分配、考试制度、承认学历和学位等政策，推动教育的发展。"因此，作为教育政策的内容，澳定门语言教育政策由澳门特区政府自行制定，属于"一国两制"中"两制"的范畴。

澳门特区政府关于语言政策的内容，主要集中在语言教育政策的阐述。近几年，澳门特区社会文化司施政方针中有关语言教育的阐述，主要区分为"高等教育语言教育政策"及"非高等教育语言政策"两个方面（详见表1）。

由表1所述的内容，可以总结出近几年澳门特区政府语言教育政策三方面的重点内容和基本特性：

首先，澳门特区政府十分重视语言教育。为确保澳门经济社会可持续发展，澳门特区政府非常重视语言教育在教育体系中的地位。在社会文化司近几年的施政方针中，高等教育和非高等教育领域的语言教育政策是教育施政的主要内容。澳门特区政府社会文化司司长谭俊荣也曾公开表示，"未来特区政府对基础教育和职学教育都会加大投资，加强语言教育，使学生有更强的语言能力，增加他们未来的竞争力。"[①]

其次，澳门特区政府在语言教育中优先强调"两文"（中文、葡文）"三语"（粤语、普通话、葡语）的教育。《澳门基本法》第九条明确规定："澳门特别行政区的行政机关、立法机关和司法机关，除使用中文外，还可使用葡文，葡文也是正式语文。"在非高等教育领域，澳门特区政府通过相关的法律、政策来确保语言教育中对中葡正式语文教育的优先性和重要性。例如，《非高等教育制度纲要法》第三十七条规定："公立学校应采用正式语文中的一种作为教学语文，并给学生提供学习另一正式语文的机会。私立学校可使用正式语文或其他语文作为教学语文。拟

---

① 《加强学生语言教育提升竞争力》，《正报》2018年2月8日。

表 1　近几年澳门特区社会文化司施政方针中有关语言教育政策的规定

年度	高等教育	非高等教育
2019	配合国家和澳门未来发展的需求,继续投入资源,将澳门打造成为"粤港澳大湾区旅游教育培训基地"和"中葡双语人才培养基地"。	积极培训中葡双语人才,将公立学校"中葡双语班"的实施范围扩展至小学三年级和初中三年级,进一步普及葡语教育;增加大专助学金的特别助学金的名额,支持学生修读中葡翻译和与葡语相关的课程,以及赴葡修读其他学士学位课程。促进葡澳在教育方面的交流,推动澳门与葡萄牙的学校缔结姐妹关系。
2018	继续支持院校优化教学与科研条件,促进教研人员的专业发展,鼓励院校把握"一带一路"、粤港澳大湾区发展及各项区域合作机制所带来的契机,进一步推动本澳院校间及对外的交流和合作,推进"中葡双语人才培养基地"和"旅游教育培训基地"的构建工作,为配合本澳发展定位培育相关人才。	加大葡语人才的培养力度,继续推进公立学校小学和初中的"中葡双语班",为学生提供更好的语言学习条件和资源。
2017	继续通过专项资助计划,推动本澳院校间及对外的葡语教育交流和合作,进一步推进"中葡双语人才培养基地"的构建工作。	启动第三阶段"持续进修发展计划"(2017—2019年),推动学习型社会的建设。大幅增加修读葡语研究、葡萄牙语、葡萄牙语言及文化、中葡翻译等高等教育课程的特别助学金名额,与葡萄牙相关大学探讨为澳门学生开拓免试升读的管道,以便为澳门的可持续发展提供人才保障。
2016		采取新措施提升中文教师的普通话能力,加大力度培养葡文教师,并组织学生赴外进行暑期语言研修,有系统、具针对性地培养中、葡、英语人才。

资料来源:《澳门特别行政区政府财政年度施政报告》(2016—2019)。

使用其他语文作为教学语文的私立学校,须经教育行政当局评估并确认其具备适当条件后方可施行。以其他语文作为教学语文的私立学校,应给学生提供学习至少一种正式语文的机会。"另外,特区政府教育暨青年局在 2008 年就订定并开始实施《非高等教育范畴语文教育政策》,强调"从法律、历史、文化特色等方面考虑,明确中、葡、英三语的地位,优先强调'两文'(中文、葡文)'三语'(粤语、普通话、葡语)"。①

近年来,葡语教育和中文教育越来越受到特区政府的重视。一方面,随着澳门定位为"中国与葡语国家经济贸易平台",葡语教育对澳门实现经济适度多元化和发挥区域优势具有重要的意义。澳门特区政府从各方面强化葡语教育和中葡双语人才的培养,鼓励更多中、小学生持续学习葡语,以便为澳门的长远发展奠定基础。在非高等教育方面,特区政府一直重视其在培养中葡双语人才方面的基础性作用,并从制度及政策上保障葡文教育的非高等教育的发展。此外,教青局还一直支持及鼓励私立学校开设葡语课程,除无偿派驻葡语教师外,亦通过教育发展基金提供专项资助。在师资培训方

① 《澳门特别行政区非高等教育范畴语文教育政策》。https://www.dsej.gov.mo/～webdsej/www/grp_db/policy/lang_policy_c.pdf? timeis＝Tue％20Sep％2024％2015:27:05％20GMT＋08:00％202019＆&。

面,教青局持续与澳门大专院校及其他培训机构合作,为各教育阶段的葡文教师举办专门培训、教学经验分享会,资助教师赴葡进修,并为葡文教师提供教材及教具上的支持。①

另一方面,澳门特区政府鼓励和支持澳门居民深化认识、学习普通话。根据中华人民共和国国家通用语言文字法的相关规定,普通话和规范汉字是国家通用的语言文字,国家推广普通话,推行规范汉字,公民有学习和使用国家通用语言文字的权利。回归祖国 20 年来,澳门特区政府一直不遗余力地推广普通话,特别是在澳门与内地的交往日益紧密的情况下,普通话的推广比以往任何时候都显得更为迫切。近年来,澳门特区政府通过制定政策、投放资源、开展计划等措施,有序推进普通话的推广和教育工作,稳步提升中文教师的普通话能力。有关数据表明,2016/2017 学年中文科教师中,以普通话授课的比率已达 24%。② 澳门特区政府也公开表明,将继续推出计划加强中文科教师的普通话培训工作,切实提升普通话授课的覆盖率。

事实上,澳门回归祖国以来,与内地合作日趋频密,学习和掌握国家通用语言日益成为澳门政府与市民共同的目标和努力方向。数据表明,澳门回归 20 年来,国家语委普通话与文字应用培训测试中心为澳门培养了国家级普通话水平测试员 23 名,而澳门参加普通话水平测试的人数 20 年平稳增长,至 2017 年年底,已达约 3000 人次。③ 值得一提的是,在澳门普通话的推广和培养中,澳门理工学院发挥了重要的作用。自 1999 年以来,澳门理工学院语言测试及培训中心与国家语言文字工作委员会普通话培训测试中心合作,在澳门理工学院设有国家普通话水平测试,由国家语委派测试员及本地国家级普通话测试员共同评分。同时,

澳门理工学院开设国际汉语教育学位课程,以培养适应澳门特区、葡语国家及国际社会的需要,具备国际视野和优秀跨文化交际能力的高级汉语言人才。

最后,特区政府支持其他外语的学习和培养。除了突出"两文"、"双语"的正式语文教育之外,澳门特区政府也十分支持居民学习英语以及其他外语,尤其激励年轻一代掌握运用多种语言的能力,增强竞争力。2008年《非高等教育范畴语文教育政策》的主要关注点有九点,其中第六点就是"澳门发展成国际城市的要求",即"英文的普及与其他高水平的外语人才的培养,是澳门发展成国际城市和确保经济及社会可持续发展的必备条件之一"④。资料显示,2017/2018 学年,澳门共有 77 所学校,其中公立学校 10 所,私立学校 67 所;67 所私立学校中,开办正规教育的学校有 64 所,只开办回归教育的学校有 3 所;74 所开办正规教育的学校(包括 10 所公立学校、64 所私立学校)当中,67 所学校属免费教育系统,7 所学校属非免费教育系统。⑤ 可见,澳门非高等教育的学校中,私立学校占到支配性的地位,74 所开办正规教育的学校中公立学校只有 10 所。这就意味着,公立学校对葡语教育的支撑力其实是有限的,而私立学校往往并没有开展

———————

① 《苏朝晖称政府设系列资助培养人才并筹建培训中心公私校读葡语生近十万人次》,《华侨报》2017 年 3 月 5 日。

② 《中文教师普通话授课率 24%》,《市民日报》2017 年 5 月 24 日。

③ 《理工普通话水平测试至去年达三千人次 李向玉鼓励居民参加培训》,《华侨报》2018 年 6 月 14 日。

④ 《澳门特别行政区非高等教育范畴语文教育政策》。https://www.dsej.gov.mo/~webdsej/www/grp_db/policy/lang_policy_c.pdf?timeis = Tue%20Sep%2024%2015:27:05%20GMT+08:00%202019&.&.。

⑤ 资料来源:澳门人才发展委员会网站,https://www.scdt.gov.mo/%E7%94%9F%E6%B4%BB/%E6%95%99%E8%82%B2/。

葡语教育,而是开展英语和其他外语的教育。事实上,回归祖国之后,英语在澳门各个领域的使用进一步扩展。2010—2011年度澳门106所学校中只有4所学校以葡语为授课语言,但有14所学校以英语为授课语言。[①]

二 语言人才政策

除了语言教育政策之外,澳门特区政府另外一个语言政策重点在于语言人才的培养方面,尤其是致力于培养一定数量的中葡双语精英人才。例如,澳门基金会与大专教育基金会于2004年开始,以合作方式举办"应届高中毕业学生赴葡就读计划",旨在鼓励澳门学生持续学习,着力培养中葡双语法律人才,为社会建设储备人才。2017/2018学年,有95位"赴葡计划"学生在葡修读学位课程,资助总金额约4600万澳币。直至2018年,这个计划甄选出210位优秀学生赴葡学习,79位学生已完成课程,成绩喜人。[②]

澳门特区政府还高度重视社会对中葡翻译人才的需求,持续关注中葡翻译人才的梯队建设和人才储备。例如,行政公职局于2019年5月举办中葡翻译升学及职业生涯规划的讲座,向有意修读中葡翻译相关专业、来自本澳多间中学的100余名学生讲述特区政府中葡翻译现况、人才需求及就业前景。此外,为培养澳门及内地葡语高校教师与会议传译领域的专业人才,澳门理工学院与欧盟口译总司于2017年7月合办"第七届会议传译研修班"的高阶口译培训课程。

2014年,澳门特区政府设立了"人才发展委员会",负责制定、规划及协调特区人才培养的长远发展策略,并构思人才培养的短、中、长期措施和政策,致力于落实"精英培养计划"、"专才激励计划"和"应用人才促进计划"。其中,在"应用人才促进计划"中,人才发展委员会、教育暨青年局及澳门基金

会联合推出"人才培养考证激励计划",并于2017年11月推出首阶段语言能力测试奖励。在奖励期间,考试成绩达到指定水平的澳门居民,通过审批后,可获1000澳币奖励。表2为"人才培养考证激励计划"中"语言能力测试"奖励的具体内容。

三 语言文化政策

语言政策的文化意义和功能,对传承和发展中华文化、促进文化的多元化都具有重要影响。因此,语言政策在强调以语言教育政策为重心的前提下,同时也要考虑语言政策的文化意涵。澳门的语文教育应确保中华文化在澳门的发展,考虑澳门的多元文化特色。尤其是澳门在粤港澳大湾区中定位为"以中华文化为主流、多元文化并存的交流合作基地"之后,语言政策的制定和实施就更加要考虑到符合"中华文化为主流、多元文化并存"的澳门特色。

回归祖国20年以来,澳门特区政府从学生课程、教学语文、教师专业发展及小区推广等层面,积极落实语文教育措施,其最终目的就是要推动学生传承和发展中华文化,培养正确的历史观、民族观、国家观。正是在语言政策宗旨在于传承和发展中华文化的基点考虑上,澳门特区政府鼓励和支持澳门居民深化认识、学习普通话。这是因为,普通话是国家的官方语言,澳门作为中国的一个特区,普通话是沟通交流的重要工具,也是中华文化的载体之一。推广学习普通话,无疑有利于中华传统文化的传承和发展。

---

① 《教育调查2010/2011》,澳门统计暨普查局,2012年,第69页。

② 《赴葡计划学生交流会 吴志良寄语珍惜机会》,《大众报》2018年9月27日。

表 2 "人才培养考证激励计划"中"语言能力测试"奖励政策

认证机构		考试奖励范围	
国家语言文字工作委员会、国家教育委员会、广播电影电视部	普通话水平测试	1	一级甲等(得分≥97)
		2	一级乙等(92≤得分<97)
		3	二级甲等(87≤得分<92)
		4	二级乙等(80≤得分<87)
孔子学院总部、国家汉办	汉语水平考试	1	六级
		2	五级
		3	四级
Centro deAvaliação de Português Língua Estrangeira(CAPLE)	CAPLE 葡萄牙等级语考试	C2	DUPLE
		C1	DAPLE
		B2	DIPLE
British Council/IDP:IELTS Australia/ Cambridge Assessment English	IELTS General Training Test	C2	得分≥8.0
		C1	7.0≤得分<8.0
Educational Testing Service(ETS)	TOEIC Listening & Reading Test	C1	得分≥945
		B2	750≤得分<945
LCCI London Chamber of Commerce & Industry	LCCI English for Business	C1	Level 4
		B2	Level 3

资料来源:澳门特别行政区政府人才发展委员会网站,http://www.scdt.gov.mo/。

另一方面,粤语和繁体字是市民和学校使用最广的语言、文字,语文教育政策重视这一传统并肯定其价值。粤语是中原文化南渐的产物,蕴藏着深厚的中华文化内涵。保存粤语最有效之道,是用粤语教中文。澳门特区政府站在保持"多元文化"特色的出发点上,在执行语言政策中,在推广普通话的同时却不强制普通话教中文,而是充分尊重粤语和繁体字的语言教育传统,循序渐进地推广普通话。"在普通话的教育和学习方面,政府将采用循序渐进的政策进行推广。"①从一定意义上讲,使用方言"粤语"为教学语言,是传统本土文化传承的一种有效形式。正是由于特区政府对粤语教学的充分尊重,迄今为止,澳门大多数人使用的母语是粤语,时下澳门许多学校,除外语学科外,各科都以粤语教学。也就是说,澳门特

区政府在推广普通话的同时,出于文化传统和文化传承的考虑,保留了粤语教学的广阔空间。

四 完善澳门语言政策的政策建议

首先,形成一个更为衔接和协调的整体性的语言政策体系。当前澳门的语言政策处于一个分散管理的格局,语言教育政策主要由高等教育局和教育暨青年局承担,语言人才政策主要由行政公职局承担,语言文化政策主要由文化局承担。根据规定,澳门行政公职局语言厅的首要职能是参与订定、规划及实施澳门特别行政区公共行政语言政策。依据这个规定,似乎当前澳门的语言政

① 《谭俊荣:循序渐进推广普通话教育》,《大众报》2017 年 5 月 28 日。

策应该由行政公职局进行统筹。另外,在中葡人才的培训中,除了公职局主要负责公职人员中的中葡翻译人才外,诸如澳门理工学院澳门基金会、人才发展委员会等机构也会积极组织相关的人才培训活动。可见,澳门语言政策相对而言是一个分散的体系,各个部门并不是同一个司级管辖范畴。这就使得语言政策可能出现内部不衔接和不协调的情况,也使得在中葡人才培养上事实上处于各职能部门交叉管理、重迭管理的局面。因此,需要让各个职能部门更为统一协调地进行语言政策的清晰分工,使得语言政策方面的权责更为明确。

其次,澳门特区政府要整合高等教育、非高等教育、持续教育的合力,切实加强葡语教育。在澳门,以葡语为母语的人口占到2.4％[1],澳门是中国境内葡萄牙语使用最多的地区。然而,澳门的葡语人才和葡语优势并没有那么突出和明显。在回归祖国相当长一段时间内,由于澳门居民对葡语学习的重要性认知不足、澳门特区政府对葡语教育欠缺规划以及葡语师资不足等方面的原因,澳门特区的葡语教育一直未能得到普及,以葡语作为常用语言的澳门人口回归后呈持续减少的趋势。澳门语言文化研究中心2014年的调查显示,葡语作为澳门特别行政区官方语言,但葡语的使用率却只有0.4％至0.9％。[2] 另有数据显示,2016年澳门7.7万学生中只有3800多人读葡语,不足5％。[3] 因此,未来澳门需要充分意识到葡语教育的迫切性及现实的不足,整合高等教育、非高等教育及持续教育的合力,构建推进葡语教育的良好平台。

再次,澳门的语言政策需要认真考虑协调中、英、葡三语的地位。在这方面,程祥徽教授早在2003年就指出,"澳门语言问题集中在两个方面:一是落实中文的官方地位,二是在澳门推行中葡双语制。除此之外,

还有英语的地位与社会对英语的需求等问题。"[4]也有学者提到澳门要支持推行中葡双语政策,但是又指出不能忽视英语教育,"中文、葡文和英文获得相得益彰的共同发展,使'三文四语制'语言架构得以全方位地发挥其社会功能的作用。"[5]从实践看,澳门近年来的英语水平不容乐观。2017年,澳门在《EF 全球英语能力指标 2017》的排名从2016年全球第37名下跌5名到第42名,分数从51.36分微升0.51分至51.87分,在亚洲排行第十二,属于全球初级水平。[6] 因此,基于英语的国际地位及澳门英语水平的相对下滑,澳门特区政府在重视葡语教育和中文教育的同时,也要顺应世界潮流和趋势,将英文教育的重要性提到语言政策的议程上。在这方面,澳门特区政府可以明确英文教育属于中葡双语之外的最为重要的外语教育,逐步形成澳门语言政策中中、葡、英三语"三足鼎立"的地位。

最后,迎接粤港澳大湾区的到来,大力推进"中葡双语人才培养基地"的建设。当前澳门特区政府在"中葡双语人才培养基地"的建设上已经取得了初步的成果。一方面,特区政府持续加大资源投放,支持高校开展各项中葡双语人才的培养项目,同时,加快课程审批,鼓励和支持高校开办更多葡语课程。另一方面,各高校积极开展各类研究项目,包括中葡机器翻译项目、葡语国家

---

① 博言:《本澳仍需加强重视中葡双语人才的培养问题》,《新华澳报》2017年7月19日。

② 博言:《本澳仍需加强重视中葡双语人才的培养问题》,《新华澳报》2017年7月19日。

③ 《陈明金问落实培养中葡双语人才措施》,《市民日报》2016年12月28日。

④ 程祥徽:《新世纪的澳门语言策略》,《语言文字运用》2003年第1期。

⑤ 陈恩泉:《澳门回归后葡文的地位与语言架构》,《学术研究》2005年第12期。

⑥ 信息来源:https://www.jump－hr.com/2017/11/10/efepi20171113/。

国别研究、澳门葡语学习者语料库等。展望未来，澳门作为中葡文化的交汇点，要更好发挥澳门在语言交流、文化融合等方面的独特优势，在培养学生语言能力的同时，要结合时代机遇与市场需求，培养更多的中葡双语翻译人才、双语法律、金融、会计以及政治等各个领域的人才。

五　结论

澳门语言政策可以细分为语言教育政策、语言人才政策和语言文化政策，分别由不同职能部门管理。部门之间缺乏足够的协调和合作，导致语言政策不够系统化和体系化。澳门语言政策存在分散管理、葡语教育和葡语人才不足以及葡语教育与英语教育的定位不清晰等缺陷，未来完善澳门语言政策应着眼于语言教育、语言人才、语言文化政策的有效衔接和无缝对接，从澳门多元文化、国际性城市、平台经济等多项定位出发，在注重中葡双语教育和人才培养的同时，保育粤语授课，强化英语教育，更好助力"一带一路"和粤港澳大湾区的建设。

参考文献

陈恩泉.2005.澳门回归后葡文的地位与语言架构.学术研究(12).
程祥徽.2003.新世纪的澳门语言策略.语言文字运用(1).

作者简介

鄞益奋，澳门理工学院社会经济与公共政策研究所所长、副教授。主要研究方向为公共行政与公共政策。电子邮箱：yfyin@ipm.edu.mo。

An Analysis of the Policy System of Language Policy in Macao SAR

Yin Yifen

Macao Polytechnic Institute

Abstract：The language policy of Macao SAR can be divided into three parts：language education policy, language talent policy and language and culture policy. On the whole, the language policy of Macao SAR has formed the basic characteristics of attaching importance to language education, giving priority to "bilingual" and "trilingual" education, and supporting other foreign language learning. At the same time, the language policy of Macao SAR also attaches great importance to the training of language talents, while paying more attention to the compatibility between language policy and multicultural conservation. In the future, Macao SAR needs to form a more holistic language policy, coordinate the trilingual education of "Chinese, Portuguese and English" and promote the construction of "bilingual talent training base between China and Portugal".

Key words：language policy；language education policy；language talents policy；language and culture policy

新中国成立 70 年来
土族语言文字研究的成就与反思[*]

刘志刚　杜　敏

陕西师范大学

提　要:新中国成立以来,土族的各项事业取得了巨大成绩。土族语是土族文化和土族精神传承的载体,是主要的民族特征之一。做好土族语的传承和发展,是传承土族优秀文化和土族精神的关键所在,是构架语言文化多样性和人类文明多样性的必然要求。新中国成立 70 年来土族语研究经历了四个阶段:起步阶段、蓬勃发展阶段、繁荣阶段和新阶段。但在当下或者未来的土族语研究中,在土族语本体研究的基础上,不仅要加强对土族语进行多学科交叉研究,还要正确处理国家通用语言文字普及和土族语保护的关系。

关键词:土族语;土族文化;土族精神

引言

土族主要分布于甘青河湟地区(见图 1),人口较少,约为 30 万,操阿尔泰蒙古语族土族语。新中国成立后,土族人民的平等地位和自主权力得到充分的保障,这最大限度地满足了土族人民长期以来梦寐以求的当家作主的愿望。建国 70 年来,勤劳、智慧的土族人民在党的领导下,在政治、经济、教育、文化、科技、卫生等事业的各个方面都取得了长足发展,人民生活也发生了翻天覆地的变化。

语言是文化和精神的载体,不能单独存在。土族语是土族文化和土族精神的主要载体,是土族人民交流的主要工具之一,也是土族的主要民族特征,更是土族历史的活化石。对于土族人民来说,其重要性不言而喻。关于土族语的研究成果主要集中在建国后,这得益于建国后我国宽松自由的语言政策和新中国对人民当家作主的保证。学术界也不乏对土族语的研究综述,如祁进玉(2005,2013)对国内外土族族源、历史、文化、文学、语言、社会经济研究做了总结;鄂崇荣(2002,2007)对土族社会各方面的研究进行了综述研究;钟进文(2007)概括总结了日本学者关于土族语的研究。本文拟全面梳理和总结新中国成立 70 年来土族语研究的成果,并对其未来的研究方向和重点进行展望。

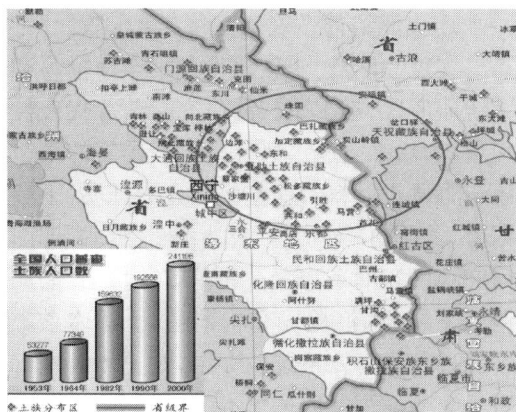

图 1　甘青河湟地区土族分布图

*　本文受到中央高校基本科研业务费专项资金(2017TS082)和陕西师范大学文学院重大项目培育"一带一路"西北地区少数民族语言使用状况调查研究的资助,《中国语言战略》审稿专家为本文提出了宝贵的修改意见,一并致谢。

一 建国 70 年来土族语研究的成就

早在 19 世纪,已有国外传教士、学者开始关注土族语,但仅是对其进行简单的介绍或提及。新中国成立后,在党和中央政府的领导下,少数民族语言调查和研究受到重视。1955 年 12 月 6 日至 15 日,中国科学院语言研究所和中央民族学院在北京召开民族语文科学研讨会。会议提出了民族语文的初步工作计划,建议在两三年内对全国少数民族语言进行调查研究,并帮助需要创制或改革文字的民族确定文字方案。1956 年 4 月,中国科学院、中央民族事务委员会组织语言研究所、中央民族学院、各地民族语文机构及其他有关单位共七百多人组成七个少数民族语言调查工作队,分赴全国少数民族地区进行语言调查(戴庆厦等,1999)。第五工作队主要负责调查蒙古语族语言,由清格尔泰先生担任组长。这是我国第一次大范围、大规模的语言调查,较为全面、详细地初步调查了我国少数民族语言情况,取得了第一手重要的田野材料和成果。土族语的研究也得益于这次大范围的全国语言调查。建国 70 年来,土族语研究取得了诸多成绩,呈现出多角度、多方法的研究特点。

(一)起步阶段——20 世纪 50 到 70 年代

这一时期的研究主要集中在土族语调查,通过与周围相近语言、不同地区土族语的词汇、语序比较,初步判断土族语属于蒙古语族语言。吕光天(1955)对互助县和民和三川地区的土族语做了初步调查,所调查的 341 个词中,有 165 个与科尔沁蒙古语相同或者相近,肯定了土族语和蒙古语的密切关系;同时把互助土族语和东乡语做了比较,341 个词中有 84 个相同或相近,三川土族语和保安语在 341 个词中有 168 个词相同或相近。吕光天(1955)还对互助和民和三川地区词汇的发音进行了对比,认为在土族语中,方音是肯定存在的,而且还比较复杂;并指出大多数喇嘛会使用藏文,普通人很少使用,汉字使用得较多。

托达叶娃、清格尔泰(1955)认为土族语是属于蒙古语族的一个语言,有 36 个音位,其中辅音音位 25 个、元音音位 11 个,与科尔沁蒙古语相比,土族语中有元音和辅音减少的现象;调查土族语词汇 2226 个,与科尔沁蒙古语词汇完全相同的有 16 个,同源并意义相同的有 679 个,同源而与现代蒙古语意义不同的有 308 个,多语混合词有 229 个,借词 483 个(其中汉语借词 347 个);通过静词的格、人称代词、动词的希望命令形、时间形、动词形动形(动词的形容词化)、副动词以及句子成分顺序对土族语的语法进行了初步描写。

60 年代末到 70 年代,由于国内社会环境的影响,各项研究都受到了阻碍,这个时期的土族语研究也处于停滞状态。

(二)蓬勃发展阶段——20 世纪 80 年代

改革开放后的 20 年,土族语研究进入了蓬勃发展阶段。成就主要集中在三个方面:一是土族语得到系统研究,并取得很多重大成果,确定其属于阿尔泰语系蒙古语族;二是土族语语音、词汇和语法的研究细化,取得了很多成就;三是开始用土族语来研究土族族源和土族文化。

1. 土族语的系统研究和专著出版

在这一阶段,土族语得到了全面描写和系统研究,出现了土族语研究专著等代表性成果,为后来土族语研究提供了丰富的第一手田野调查材料。这些研究充分证明,土族语系属阿尔泰语系蒙古语。照那斯图(1981)以互助东沟方言为基础,对土族语从语音系统、词汇构成和构词法、语法体系等方面进行了简要系统的介绍,对土族语进行了系统的描写。通过这本书,我们基本上可以了解土族语的全貌和方言分布、土文试行等问题。清格尔泰(1988a)搜集了大量第一手的土族语材料,并使用蒙、汉双语对照、国际音标注音,为土族语的研究提供了鲜活的语料;清格尔泰(1991)仍然采用蒙汉双语对照、国际音标注音,对土族语与蒙古语从语音、词汇、语法等方面进行全面系统的比较研究,说明土族语与蒙古语的异同,计算出土族语当中蒙古语、藏语、汉语和突厥语所占词汇的比例,从发生学角度进一步证明了土族语系属阿尔泰语系蒙古语族。哈斯巴特尔(1986)收集了大量的土族语词汇,为土族语的词汇整理和文化发展奠定了基础,也为土族语词汇和构词法研究提供了语料。《土汉词典》(李克郁,1988)收录词条 14000多条,以互助方言为基础,用汉语释义,有土族语例句,为土族语的研究提供了大量的语料,该著作出于土族学者之手,弥足珍贵。《土汉词典》是为配合 1979 年开始在青海省互助土族自治县试验推行拉丁字母形式的《土族文字方案》而编写的,遗憾的是其没有使用国际音标注音,不利于不懂"土族文字"的读者准确地识读。整体上来说,"这是一部既有实用价值又有学术意义的佳作"(戴庆厦,1998)。孙竹(1990)也对土族语进行了收录,并与其他蒙古语族语言进行比较。《论蒙古语族语言的形成和发展》(俞世长,1983)是我国学者对蒙古语族语言进行综合比较研究的第一本专著,其指出土族语、东部裕固语、东乡语、保安语还没有从中古西支蒙古语分化出来时就已经受到突厥语的影响。通过俞世长的多标准综合分类法,指出近古土族语(蒙古尔语)来自中古西支蒙古语,现代土族语是从近古蒙古语发展而来的,第一次清晰地论述了土族语是不同时期从蒙古语分化而来的。该书对蒙古语族语言的研究具有很高的理论和学术价值。

2. 土族语语音、词汇和语法的细化研究

随着土族语系属问题的确定,很多学者开始着手进行土族语语音、词汇和语法等的细化研究,并且取得了很多成绩,随之也涌现出一批专门研究土族语的学者。

在土族语音研究方面,陈乃雄(1988)对"五屯话"音系的研究最具代表性,指出同仁县五屯上庄、五屯下庄和江查麻村共有 2000名左右土族居民,他们使用着一种既不同于大通县土族居民使用的汉语,又不同于互助、民和等地土族居民使用的蒙古尔语,也不同于保安下庄、年都乎、郭麻日、朵洒日村土族居民使用的保安语的语言,他称之为五屯话。他对"五屯话"的元音、辅音和复辅音等进行了详细的描写,并与普通话语音进行了对比研究。席元麟(1987)分析了同仁土族五屯话中藏语借词的前加字、后加字、基字等音变现象。另外,清格尔泰(1988b)着重讨论了土族语中"b"辅音的演变契机规律,对"b"在土族语中的演变从多角度做了分析和深入的探讨。

在词汇、语法方面的细化研究中涌现出了大量成果。主要集中在对词汇比较和构词法的研究,也在一定程度上关注了语法,通过对比研究,证明土族语更接近中古时期蒙古语。照那斯图、李克郁(1982)以民和方言为基础,并与互助方言做了比较,以语音为重点,扼要地对词汇和语法进行了简单论述。李克郁(1983)对土族语中的附加词尾"-nge(-ge)"进行了探源与研究,认为其是由基数词"nege"演变而来,其可以与名词单复数主格形式、形容词、副词等结合,表达一定的语法意义。李克郁(1988)比较了土族语和蒙古语不同时期书面语的语音,并概括总结了土族语的词汇和词法特点。李克郁(1988)主要从语音、词汇方面把土族语和现代蒙古语、《蒙古秘史》中的词汇相比较,指出土族语与中世纪的蒙古语更接近。陈乃雄(1981)对同仁年都乎土族人的"数"词进行了描写,并总结了特点及其规律。陈乃雄

(1982)对青海省同仁县"五屯"地区的语言进行了研究,指出"五屯话"汉语借词占56%,其语法不同于汉语。陈乃雄(1989)指出"土族居民所操的五屯话,是在长期接受周围语言强烈影响的汉语基础上发展演变而来的语言",并专门讨论了"五屯话"的各种动词形态和用法。席元麟(1983)对土族语的构词法、派生法、合成法、借词等作了分析和归纳研究。席元麟(1986)对青海同仁土族地区年都乎等村的土族语进行调查,记录了2100个词,其中土族语(指年都乎村的土族语,以下同)基本词1257个,占59.8%;藏语借词768个,占36.5%;汉语借词仅75个,所占比例甚微。另外记录了各种类型的句子八百余,及其他一些材料。席元麟(1989)对土族语词汇与藏文、八思巴文字、《华夷译语》、满语等进行了对比研究。

3. 土族语与文化

对土族语和文化关系的研究,也是该时期土族语研究的一个特色。李克郁(1982)认为土族的姓氏主要有地名、村名、部落名称、土司和外姓五种来源,并通过语音对比分析了土族取姓的方法,有"音译取首音""音译取尾音""意译汉字作姓"。李克郁(1985)对土族历来的自称、他称"土民、土人、土户家、土昆、土达、达达、达尔达、白达番、多尔斗、达拉特、蒙古尔、察罕蒙古尔、霍尔"等逐个进行了辨析。席元麟(1985)从土族谚语反映的生活内容、句式和押韵等方面对土族谚语作了介绍,土族谚语是土族人民文化生活的有机体现。

(三)繁荣阶段——20世纪90年代

20世纪90年代涌现了更多的土族语研究者,研究领域不断扩展,词汇、语法研究在原有基础上进一步深化,语言研究对土族族源"蒙古说"的论证提供了支撑。同时,国家倡导保护民族语言文化,土族语与文化关系的研究进一步扩展,为土族语文化的保护奠

定了基础。这个阶段有一件事不可不提:1992年,土族研究会在青海成立,并创办了《中国土族》杂志,为土族语文化和各方面的研究提供了交流平台。

1. 土族语本体的深化研究

李克郁、李美玲(1996,1997a,1997b,1997c,1997d)从《蒙古秘史》、《华夷译语》、《武备志》、《卢龙赛略》中把一些基本词汇摘录下来,并与土族语词汇进行对比,为土族语语源历史和语言接触研究提供了很好的研究材料,是90年代土族语研究较为突出的成果。李美玲、李永翎(1999)以土族语的语音与《蒙古秘史》中的语音材料为基础,就元音a在土族语和《蒙古秘史》中在词首、词中、词尾的对应关系作了较为全面的比较,指出土族语与13世纪的蒙古语较为接近的语言事实,现代蒙古语有些词失去元音a,在土族语中却还保留着。钟进文(1997)对土族语的文化特征进行了重要的描述和总结,从语音、词汇、语法等方面进行分析,认为受到周围汉语、东乡语、保安语、萨拉语等语言和历史文化特征的相互影响,导致复元音出现或增多的现象,元音和谐日趋消失,不送气清塞音和清塞擦音与送气的对立已成为甘青地区诸语言在语音方面的共同特征,六种语言吸收了大量的汉语词汇和外来词。吴宏伟(1997)系统研究了土族语的亲属称谓,对土族语的亲属称谓分为有血缘关系和没有血缘关系两大类进行了系统的论述。李京霖(1992)对过去土族语的研究现状和当时土族语的现状进行了深入的分析,指出当时在土族语研究中存在的问题,探讨如何保护和发展土族语,强调了土族语的发展对于土族的重要性。坚赞道杰、贡保草(1999)对天祝土族语的亲属称谓作了系统的说明和解释。

2. 土族语与族源、文化之关系

李克郁(1993)从多个方面探讨了土族

族源,并充分证明了"蒙古说"。蒙古尔人的历史在汉、藏文历史中很少有记载,即使有记载,我们一时也很难识别,幸运的是蒙古尔人把自己的语言完整地保存了下来,为我们提供了通过语言的研究拨开蒙古尔历史迷雾的可能,研究蒙古尔人的语言,对于识别他们的语言亲属关系和探讨他们的族源有着不可估量的作用。李克郁对现代蒙古语、书面蒙古语、《蒙古秘史》和土族语进行了多方位的比较,同时把《蒙古秘史》中的故事和土族故事相比较,充分证明了蒙古尔人的语言同 13、14 世纪的蒙古语之间的接近程度要比现代蒙古语大得多,通过语言的研究为土族族源"蒙古说"提供了可靠的证据。此外,李克郁(1999)从语言学的角度对土族历史的演化作了划分和不同的探讨;贾晞儒(1995)从语源关系、语音和词汇的相似性方面论证土族与蒙古族的历史渊源;贾晞儒(1998)从语音、词汇本义的相似性论证两个民族的相似心理文化特征,从语言学的角度为土族来源的"蒙古说"提供了必要的依据。

该时期对土族语的文化探索,主要是对地名与民族关系、土族命名文化等的研究。这方面席元麟做了很多工作,《从土族语词汇看其文化的多元性》(1993)、《试析青海地名语言特色》(1995)、《青海民族语地名透视民族关系》(1999)和《土族命名习俗与语言特点》(1990)等,对土族命名的特点和风俗进行了解读,探讨了其与文化的相关性,为少数民族语言文化的研究作出了重要的贡献。

(四)土族语研究的新阶段——21 世纪至今

21 世纪以来,土族语研究进入新阶段。研究方法有所创新,并引入了实验语音学、社会语言学等理论,从原先只重视土族语本体研究到开始关注土族语生活,这将有利于了解土族语的使用情况、语言态度等,为制定相应的语言保护政策提供现实依据。同时,非物质文化遗产保护、语言资源保护、国家社科基金等项目的开展实施,有力地促进了土族语研究。随着土族语被越来越多的学者关注,为了土族语的传承和发展,我们也有必要反思土族语研究中存在的问题和不足。

1. 土族语本体研究

21 世纪土族语本体的研究,部分学者运用了实验语音学的方法,对土族语语音进一步深入分析研究,但对词汇、语法的研究较少。李美玲(2001b)运用历史比较语言学的方法,探讨了土族语中词首清擦辅音 f 的演变过程;李美玲(2001c)对土族语长元音的形成条件和历史原因做了分析和探讨。赵恩和白拉(2011)对蒙古语和土族语的语音从元音、辅音、元音的韵律和谐三个大的方面进行了比较研究。韩国军(2013)运用实验语音学的方法,研究了土族语词首音节的 11 个单元音、非词首音节中的 12 个单元音的音值、数量及分布格局,全部可划归五个音位,并探讨了长元音、复元音的音值、数量及分布格局;韩国军(2016)利用实验语音学方法,对土族语音段和超音段进行声学描写,并用音系学方法分析构建了土族语音系,具有较高的学术价值。木其日(2018)对土族语民和方言进行了研究,分析探讨了民和方言在语音、词汇、语法等方面受汉语影响而出现的语言演变现象,分析探讨了民和汉语与土族的接触历史及原因。

2. 社会语言学视角下的土族语研究

21 世纪对土族语进行社会语言学研究,对土族语使用、态度及认同等方面的研究,为土族语研究提供了新视角,这些研究为了解土族语现状和制定相关保护措施提供有效的依据。祁进玉(2007)从人类学文化融合的角度对青海土族语互助、民和、同仁三大方言区借词的渊源关系进行了分析研究。群克加(2008)对土族目前使用的语言文字现状和使用当中存在的问题进行了分析与思考,提出了土族语文字保护的相关建议和措施。王远新(2008)主要是对青海同仁县吾屯村土族、藏族、汉族的语言使用和语言态度做了调查。王远新(2009a)对年都乎语言使用进行了田野调查,分析了其语言使用状况和语言态度,进而探讨了语言认同和民族认同关系。王远新(2009b)对同仁地区土族语的认同和民族认同做了调查,调查显示由于当地藏语和藏文化处于优势,当地土族对藏语和藏文化的认同有加强趋势。乔生菊(2010)对土族语文字的使用现状做了简要的描述和总结。刘志刚(2016)对甘肃天祝、卓尼土族语文字使用状况和语言态度做了全面的调查研究,认为甘肃土族语已经处于较为严重濒危阶段,并对造成该现状的原因进行了分析。

3. 土族语文化保护研究

土族语是土族民俗文化的载体,有学者开始呼吁保护土族语文化。李美玲(2001a)利用语言揭示民俗文化,挖掘出"kureen"一词中所蕴含的曾在古代社会出现过的婚姻制度、民族文化心理等,对通过民族语言研究民族风俗文化具有较好的借鉴意义。贾晞儒(2010)对民族语言的现状和存在的问题进行了深入的分析与探讨,提出了一些应加强少数民族语言保护和抢救的措施,对土族语和蒙古语的保护现状进行了分析,指出目前存在的问题以及将来改进的措施与方向。

近些年来,对于少数民族语言保护的呼吁日盛,国家特别重视少数民族语言文化的保护。从2016年开始,展开了全国范围内投入资金最多、规模最大的语言保护工程,对少数民族语言进行大量的录音录像和国际音标记音;此外,在国家社科基金的支持下,蒙古语族的语言数据库也在建设之中,土族语就包括在其中。这些投入和工程的实施在一定程度上对土族语的保护将起到积极作用。

二 土族文字的创制

新中国成立后,国家充分保障了少数民族使用自己语言文字的权利,并给当初没有文字的民族创制了文字。"土族文字"的创制得益于国家的语言政策的保证,同时也是李克郁先生等一批学者努力的结果。

(一)"土族文字"的创制及试行

新中国成立后,全国第一次少数民族语文科学讨论会于1955年在北京召开,会议提出为尚无文字的民族创制文字。1956年,调查队对互助土族语言进行了调查,根据土族人民的愿望,由李克郁、照那斯图共同起草了一个斯拉夫式的土文方案,该文字方案并未实施。党的十一届三中全会后,互助县和各级政府应人民要求,邀请语言专家在50年代斯拉夫字母"土文方案"的基础上,于1979年6月完成以拉丁字母为形式、以《汉语拼音方案》为基础的《土族文字方案》,从一定意义上来讲,结束了土族没有文字的历史,该方案是土族语言研究中一个重要的里程碑(李克郁,2008)。

该方案1979年经互助土族自治县人民代表大会通过,呈报青海省人民政府审批。1980年6月5日,青海省政府召开第八次常务会议,听取省民委《关于试验推行土族文字的报告》。1980年9月4日,青海省民族事务委员会党组28号文件向中共青海省委呈报《关于试验推行土族文字的报告》。1981年4月25日青海省人民政府发出104号文件呈报国务院,申请《土文方案》"作为试验方案,先在互助土族自治县慎重推行"。1986年7月20日,第一次土族语文工作座谈会在互助土族自治县召开,会议产生了《互助土族自治县土族语文工作座谈会纪要》,并上报青海省人民政府。同年10月17

日省政府发出"青政办(1986)234 号"文件，指出《土文方案》由省民委牵头协调，各有关单位积极配合，做好土文试行工作。1987 年 12 月 7 日，青海省民委在北京召开土文研讨会，马学良、傅懋勣、王均、清格尔泰、照那斯图等专家参加，会议肯定了《土文方案》，并产生会议纪要。青海省民委 1988 年 19 号文件向省政府呈报该纪要。1988 年 11 月 30 日，青海民委接到国家民委文化司电话通知，传达了国家民委意见，"土文在国家未正式批准前，仍继续试行"。1989 年 1 月 10 日，互助县召开第二次土族语文工作座谈会，并将产生的"座谈会汇报提纲"上报县政府，县政府批示仍按照 1986 年第一次土族语文工作会谈产生的规划进行。1992 年 1 月 25 日，召开互助县土文试行推广领导小组会议，布置了土文验收的准备工作。1992 年 5 月 18 日，互助县土族领导小组相关人员赴北京向国家民委语文办公室汇报土文实行情况，请示土文验收事项。1994 年 8 月 31 日，互助县召开第三次土族语文工作座谈会，主要解决土文进学校问题，并编译小学 1—5 年级《学校土文试教课本》。1996 年 8 月 27 日至 29 日，由青海省民委牵头，组织省政府办公厅、省教育厅和县政府及相关专家对土文试行工作进行省级验收，认为基本上达到了国家标准，并向国家民委提出申请，争取国家验收(乔志良,2017)。

(二)"土族文字"的相关研究

20 世纪 90 年代，对"土族文字"的研究都集中在其推广和翻译的问题上。李克郁(1990)讨论了"土族文字"在使用东沟标准音时如何处理周围其他土族语方音的关系，并对土族语书面语中需要规范的问题进行了论述，如"口语的元音 ɔ 与书面语的元音 i""语音的同化与书面语""语音的增减与书面语"的关系。李美玲(1995)对土族语文运用和对新词术语的土文翻译问题进行了总结和探讨。席元麟(1991)对土文的价值和推行中取得的成绩与存在的问题进行了探讨。席元麟(1996a,1996b)探讨了土族语与汉语之间的翻译问题。

进入 21 世纪以来，教育部人文社科重大研究项目"中国少数民族新创文字在教育教学中的应用状况及存在的问题调查研究"开展，对少数民族新创文字的使用现状和问题进行调查。宝乐日(2008a)通过对互助县东沟乡大庄村教师、学生、家长使用土族语言和新创文字的情感态度、行为倾向态度及其差异等方面的调查，描述了互助县土族语言及新创文字在学校教育领域的使用现状，认为"土族语言及新创文字有利于满足土族对传统文化传承的长远需要，政府部门应当大力加强土族语言及新创文字的保护政策"。宝乐日(2008b)运用皮埃尔·布尔迪厄文化资本理论中的"文化资本"概念分析和探讨了土族、羌族及其创新文字的价值，提出教育部门应努力构建适应土族和羌族学生发展的双语教育模式，重视学校教育的文化选择和把少数民族语言文字当中潜在的文化资本转换成现实的文化资本，以保护和发展土族、羌族语言文化的多样性。宝乐日(2013)指出要下大力气逐步构建适合青海省土族聚居地区学校的双语教学模式。通过双语教学的实施，使学生在掌握汉语文的基础上，更好地掌握本民族的语言文字，从而达到弘扬发展土族语言文化的目标。在前期土文创制推行的基础上，各级教育行政部门应予以重视，把土文工作重新纳入议事日程。宝乐日(2011)指出目前在青海地区还没有真正意义上的土汉双语教学系统，土族语只在互助土族自治县东沟乡大庄村等土族聚居区乡村小学的低年级阶段作为辅助教学手段使用，土族新创文字已经停止在学校教育领域的试教工作。

"土族文字"自 1979 年创制以来，土族学者、青海互助县及各级语言文字机构、民委等对土族文字的推行做了大量工作,在试验过程中采用土语广播、土语电影译制、土文试行教材编写、创办杂志《赤列布》等形式。土族文字是在新中国民族语文语言政策的支持下产生的,说明我国充分保障了少数民族的各项权利。2001 年 7 月 18 日,召开互助县土族语文暨土族古迹工作会议,决定土族文字试行的工作重点是做好对土族口头传说的整理和研究,从此,"土族文字"的用途从学校试行转变为对口头文化的整理。目前只有部分学者、地方文化保护者使用"新创文字"翻译民俗文化、民歌等,出版了相关书籍。从今天来看,"土族文字"的创制虽取得了一定成就,但从实际使用情况看,并未在提高土族群众文化素质、摆脱文盲率等方面作出应有的贡献。

三 结语

建国 70 年来,土族语本体的研究取得了很多成就。首先,通过调查、对比研究,证明了土族语系属阿尔泰语系蒙古语族。其次,出版了一定数量的书籍,对土族语语音、词汇和语法做了较为系统的研究,词典的编纂和话语材料的出版为土族语言的研究提供了大量的材料。21 世纪以来,新理论、新方法的使用,使土族语得到了更加系统的研究,同时对土族部分地方的语言生活进行了调查研究,较好地反映了土族语的使用现状。

但必须看到,土族语研究仍然存在着很多不足,主要体现在以下三个方面:

一是土族语的研究内容和范围仍不够充分。面对土族语在近年来随着社会发展和语言环境所产生的变化,对当下土族语词汇、语法深入和细化的研究较少;对土族语与汉藏语言接触的研究较少;同时对土族语生活调查及应用研究不够,这在应用上有碍于语文政策的制定,不利于科学地解决语言

文字的使用问题和语文教育的开展;在理论上不能全面、深入地认识语言文字的历史演变,也不利于语言本体结构的研究。为了更好地发展我国的语言学的研究,必须加强语言使用情况的研究(戴庆厦,2015)。在当下或者未来,在加强土族语本体研究的同时,要对土族语进行多学科交叉研究,另外,研究的地域也较小,主要集中在青海部分地区,而对占土族人口 12.6% 的甘肃土族研究少之又少,故需扩大土族语研究的地域。这些举措必将进一步促进土族语的研究取得更多成果,对土族文化的发展和传承起到重要作用。

二是要加强土族语研究人才队伍建设。建国 70 年来,土族语研究成果的大量涌现,跟一批优秀的民族语言学者紧密相关,如老一辈学者清格尔泰、照那斯图、李克郁、贾晞儒、孙竹、陈乃雄、席元麟、哈斯巴特尔等先生,中青年学者李美玲、坚赞道杰、祁进玉、宝乐日、韩国军等,他们对土族语研究作出了重要贡献。但是目前真正掌握土族语的中青年学者较少,土族语的研究面临人才困境。首先,当地大中专院校应设立土族语言文化的专门研究机构,要鼓励懂土族语的青年学者和学生加入到土族语研究的队伍中。其次,地方语委要重视语言文字工作,正确处理国家通用语言文字和少数民族语言文字的关系,为促进当地语言生活和谐做出应有的努力。再次,土族年轻学者要主动加入到土族语及其文化研究的队伍中,承担起传承民族语言和文化的责任,为土族语言文化发展作出自己的贡献。

三是要正确认识土族语保护的问题。新中国成立 70 年来,土族语研究在国家语言政策的保障和支持下,取得了阶段性的成就。对语言保护的正确认识,将有助于土族语更好地发展,有助于土族语和文化的传承。这个正确认识指的是要正确处理国家

通用语言文字普及和土族语保护的关系。大量的研究证明,在我国少数民族地区国家通用语言文字普及能够有效提高人口文化素质,消除外出交际障碍,为他们的发展提供新的机遇和可能。据我们调查①,目前土族聚居区的人们基本上实现了双语兼用,即具备土族语和汉语方言能力,大部分年轻人具备普通话能力,但国家通用语言普及率还不高,掌握水平还较低。因此各级各类学校要加快国家通用语言的全面普及,进一步提升中小学生使用国家通用语言文字能力的水平,为他们将来的全面发展奠定基础。土族人民的全面发展必将推动土族聚居区社会各方面的发展,这又维护了土族言语社区的稳定性,只有土族语社区保持相对稳定,土族语也才能被保护得更好,土族语也将会长期与汉语方言、国家通用语言兼用,形成和谐的语言环境。建设"土族语非物质文化遗产"项目,创制以"语言文化"为核心的旅游项目,增加当地土族人民的收入,努力探索保护土族语言文化的有效措施,是促进当地社会和谐发展的关键所在。

通过对建国 70 年来土族语及文字研究成果的总结和评述,我们对土族语的研究现状有了比较清楚的了解,在一定程度上为当下和将来的土族语研究提供了新的方向,对土族语的传承和保护也将有一定的借鉴意义。

参考文献

宝乐日.2008a.土族语及新创文字在学校教育领域使用现状研究.青海民族研究(2).

宝乐日.2008b.文化资本理论视野下土族、羌族语言及其新创文字使用与发展研究.中央民族大学学报(4).

宝乐日.2011.土族羌族语言及新创文字使用发展研究.北京:民族出版社.

宝乐日.2013.人口较少民族语言文字保护和发展的几点思考——以青海省土族语为例.内蒙古师范大学学报(8).

陈乃雄.1981.年都乎的数.青海社会科学(4).

陈乃雄.1982.五屯话初探.民族语文(1).

陈乃雄.1988.五屯话音系.民族语文(3).

陈乃雄.1989.五屯话的动词形态.民族语文(6).

戴庆厦.1998.二十世纪的中国少数民族语言研究.太原:书海出版社.

戴庆厦.2015.语言使用研究在社会语言学研究中的地位.中国社会语言学(2).

戴庆厦、成燕燕、傅爱兰,等.1999.中国少数民族语言文字应用研究.昆明:云南民族出版社.

鄂崇荣.2002.近十年来土族研究综述.青海民族研究(1).

鄂崇荣.2007.百年来土族研究的反思与前瞻.青海社会科学(1).

哈斯巴特尔.1986.土族语词汇.呼和浩特:内蒙古人民出版社.

韩国军.2013.基于语音声学参数库的土族语元音研究.内蒙古大学硕士学位论文.

韩国军.2016.土族语音系研究.中央民族大学博士学位论文.

贾晞儒.1995.从语言学角度看土族语蒙古族的渊源关系——读李克郁《土族(蒙古儿)源流考》札记.青海民族研究(2).

贾晞儒.1998.从语言比较中看土族蒙古族文化心理之异同.青海民族研究(2).

贾晞儒.2010.民族语言现状与非物质文化遗产的抢救——以青海土族语蒙古语为例.攀登(2).

坚赞道杰、贡保草.1999.土族语天祝话亲属称谓简述.青海民族学院学报(3).

李克郁.1982.土族姓氏初探.民族研究(6).

李克郁.1983.土族语中的-nge(-ge)用法.青海民族学院学报(社科版)(3).

李克郁.1988.蒙古尔(土族)语和蒙古语.西北民族研究(1).

李克郁.1988.土汉词典.西宁:青海人民出版社.

李克郁.1990.土族语中的音变现象及其文字书写问题.青海民族研究(4).

李克郁.1993.土族(蒙古尔)源流考.西宁:青海人民出版社.

李克郁.1999.dolda(达勒达)辨析.青海民族研究(1).

李克郁.2008.李克郁土族历史与语言文字研究文集.北京:民族出版社.

李克郁、李美玲.1996.土族语、蒙古语对照表(一).青海民族研究(4).

李克郁、李美玲.1997a.土族语、蒙古语对照表(二).青海民

---

① 2019 年 1 月,我们前往青海省互助土族自治县五十镇土观村、丹麻镇东家村、台子乡多士代村和长寿村进行了此次调查。

族研究(1).

李克郁、李美玲.1997b.土族语、蒙古语对照表(三).青海民族研究(2).

李克郁、李美玲.1997c.土族语、蒙古语对照表(四).青海民族研究(3).

李克郁、李美玲.1997d.土族语、蒙古语对照表(五).青海民族研究(4).

李美玲.1995.试谈土族文字中解决新词术语的方法问题.青海民族研究(4).

李美玲.2001a.从"kureen"一词看土族古代婚姻制度.青海民族研究(1).

李美玲.2001b.土族语词首清擦辅音 f 的演变.青海民族学院学报(1).

李美玲.2001c.土族语长元音的形成.西北民族研究(1).

李美玲、李永翎.1999.《蒙古秘史》语与土族语语音比较.青海民族研究(1).

刘志刚.2016.甘肃土族语文字使用状况调查研究.陕西师范大学硕士学位论文.

吕光天.1955.青海土族的语言.中国民族问题研究集刊.中央民族学院研究部编(内部刊物).

木其日.2018.汉语对土族语民和方言的影响研究.内蒙古大学硕士学位论文.

祁进玉.2005.土族研究一百年——土族社会历史、文化研究述评.西北民族研究(4).

祁进玉.2007.文化融合与文化涵化的范例.西北民族大学学报(1).

祁进玉.2013.近代国外土族研究述略.青海民族大学学报(社会科学版)(2).

乔生菊.2010.浅谈土族语现状.中国土族(2).

乔志良.2017.土族文字的创制与试行.互助县政协文史资料.

清格尔泰.1988a.土族语话语材料.呼和浩特:内蒙古人民出版社.

清格尔泰.1988b.土族语中"b"辅音的演变.西北民族研究(2).

清格尔泰.1991.土族语和蒙古语.呼和浩特:内蒙古人民出版社.

群克加.2008.土族语文字的应用和保护现状.青海民族研究(2).

孙竹.1990.蒙古语族语言词典.西宁:青海人民出版社.

托达叶娃、清格尔泰.1955.蒙古语族语言和方言调查汇报.民族语言科学讨论会印.

王远新.2008.吾屯人的语言使用和语言态度调查.新疆大学学报(哲社版)(4).

王远新.2009a.城镇边缘土族村庄的语言生活.新疆大学学报(哲社版)(3).

王远新.2009b.青海同仁土族的语言认同和民族认同.中央民族大学学报(哲社版)(5).

吴宏伟.1997.土族语亲属称谓.民族语文(1).

席元麟.1983.土族构词法凡例.青海民族学院学报(哲社版)(1).

席元麟.1985.土族谚语浅谈.青海民族学院学报(社会科学版)(1).

席元麟.1986.同仁地区土族方言.青海民族学院学报(社科版)(2).

席元麟.1987.五屯话的藏语借词音变现象.青海民族学院学报(哲社版)(1).

席元麟.1989.试析土族语词汇组成.青海民族学院学报(社科版)(1).

席元麟.1990.土族命名习俗及其语言特点.青海民族学院学报(3).

席元麟.1991.土文价值及推行工作——兼谈土族教育.青海民族研究(3).

席元麟.1993.从土族语词汇看其文化的多元性.青海民族学院学报(1).

席元麟.1995.试析青海地名语言特色.青海民族研究(4).

席元麟.1996a.土族惯用语浅析——兼谈惯用语的土译汉问题.青海民族研究(4).

席元麟.1996b.土族语文翻译述略.青海民族研究(1).

席元麟.1999.从青海民族语地名透视民族关系.青海民族研究(1).

俞世长.1983.论蒙古语族语言的形成和发展.北京:民族出版社.

赵恩和白拉.2011.蒙古语和土族语语音比较研究.中央民族大学硕士学位论文.

照那斯图.1981.土族语简志.北京:民族出版社.

照那斯图、李克郁.1982.民族语文研究文集.西宁:青海民族出版社.

钟进文.1997.甘青海地区独有民族的语言文化特征.西北民族研究(2).

钟进文.2007.日本的土族语言文化研究.青海民族研究(1).

作者简介

刘志刚,甘肃陇西人,陕西师范大学文学院博士生。主要研究方向为社会语言学和语言接触。电子邮箱:liuzhglzu@163.com。

杜敏,陕西西安人,陕西师范大学文学院教授,博士生导师。主要研究方向为社会语言学、传播学和编辑学。电子邮箱:du-min@snnu.edu.cn。

Achievements and Reflections on the Study of Mongour Language in the Past 70 Years since the Founding of the People's Republic of China

Liu Zhigang，Du Min

Shaanxi Normal University

Abstract：Since the founding of the People's Republic of China，under the leadership of the communist party of China，the Monguor people have made great achievements. The Monguor language is the carrier of the Monguor culture and the Monguor spirit；it's also one of the main national characteristics. The inheritance and development of the Monguor language is the inevitable requirement for the inheritance and development of the excellent Monguor culture and the Monguor spirit，as well as the inevitable requirement for preserving linguistic and cultural diversity and the diversity of human civilization. This paper summarizes the achievements of the research on the Monguor language in the past 70 years and summarizes the four stages of the research：the initial stage，the vigorous development stage，the prosperous stage and the new stage. In addition，it also reflects on the deficiency and existing problems in Monguor language research，and gives some suggestions.

Key words：Monguor language；Monguor culture；Monguor spirit

汉字为方

丹尼尔·格伦[1]　　彭馨葭[译][2]

[1]法国第一马赛大学；[2]南京大学

> "如果你用一个人能听懂的语言和他交谈，他会把这些话放在脑子里。如果你用一个人的本族语和他交谈，他会把这些话放在心上。"
>
> ——纳尔逊·曼德拉

引言

我们的语言世界经历着日新月异的发展。越来越多的人愿意使用一门外语（比如英语）和不同国家的公民沟通。

"欧陆英语"便是一例。欧陆英语是欧洲范围内的一种通用语，但非欧洲区的英语母语者却没法全听懂。一个原因是，有些词的含义发生了变化（比如 current 的意思变成了"实际上的"，offer 的意思变成了"建议"，possible 的意思变成了"最后的"，诸如此类）；另一个原因是，它的发音可能与标准英语差之千里。

欧陆英语的形成受两股势力影响：一股自上而下，一股自下而上。

自上而下的影响来源于比如欧洲联盟委员会颁发的《英语写作指南》（*English Style Guide*），该文件对如何进行英语的公文写作作出了建议……

自下而上的影响来自人们的使用偏好（对于 38% 的欧盟公民，英语是作为一门外语在使用的）。[1]

38% 的欧盟公民可能会说英语，但说的绝对不是一样的英语，因此在沟通的过程中准确性打了折扣，有些细节也会丧失。况且，欧盟公民的英语水平参差不齐。

全球范围内，人们愈发接受抛弃自己的母语，转而用自己并不熟谙的一门语言进行交流。并且同时，英语的日渐强大使"弱势语言"备受打击。

此外，越来越多没有经过正规翻译训练、没有任何翻译技能的人以为他们能够做好翻译，于是随意地用他们蹩脚而且不严谨的英语进行沟通——这俨然已成为常态。他们的翻译要么是"自翻自话"，要么用谷歌翻译一类的软件做翻译。关于此类翻译软件，首先，它们的完善尚需时日；再者，一般来讲，"弱势语言"是完全被这类软件忽略的。试试选择从"Brenton 语[2]翻译成英语"你就明白了。无怪乎这些"弱势语言"的母语者会弃自己的母语而去。

谷歌翻译的口号是"用超过 100 种语言发现全世界"[3]。

然而 100 种语言根本无法发现全世界！光是印度境内就有 122 种主要的语言和 1599 种"弱势语言"。[4]

本文旨在提出一个简单的解决之道：一

---

① https://en.wikipedia.org/wiki/Euro_English。

② Breton 语的使用人数大约有 20.7 万。https://www.bretagne.bzh/upload/docs/application/pdf/2018-10/etude_languesbretagne.pdf。

③ https://translate.google.com/intl/en/about/languages/。

④ http://censusindia.gov.in/。

方面,助力"弱势语言"的生存和发展;另一方面,让"弱势语言"使用者能和其他语言使用者在沟通时处于平等的地位,并且无须求助于翻译软件和人员。

本文第二部分将解释,如何在最小化科技应用前提下,让所有语言的使用者,无论其语言的地位如何,都能参加各种论坛、大会,并用自己的"弱势语言"参会讨论。

最后,它也是一剂可以解决高科技翻译问题的灵丹妙药。这些高科技解决方案费尽九牛二虎之力,也只不过产出了寥寥几门语言的方案。

一 人类常识

当前,语言领域正在发生很多事情:每周几乎都有语言会消失,语言翻译的需求逐年增长。

对于那些认为语言仅仅是把单词拼凑在一起的人,他们满足于使用新的通用英语来进行沟通;而对于另外一些人,尤其是那些"弱势文化"的国家和人民,他们认为语言是通向理解一个国家和人民的唯一途径。对于后者而言,他们非常担心今日语言发生的新变化。

领导层的认识

所幸,世界上的部分国家领导人已意识到语言正在面临全面消亡的危险。2014年3月,中国国家主席习近平在联合国教科文组织总部的演讲指出,保护语言多样性势在必行:"如果只有一种生活方式,只有一种语言,只有一种音乐,只有一种服饰,那是不可想象的。""文明是多彩的,人类文明因多样才有交流互鉴的价值。"

有意思的是,中国国家主席呼吁一个多彩的世界,但以往在西方世界的眼中,中国的领导人却总是被描绘成灰白昏暗的,从来不是绚丽多彩的。

色彩

2018年10月召开的第二届北京国际语言文化博览会(ILCE)也强调"语言让世界更和谐,文明更精彩"。

像我们这些掌握了多种语言并因此融入了相关文化的人,我们能充分认识到所生活的世界是多彩的;而那些不像我们那么幸运地接触过多种语言和文化的人似乎生活在黑白世界。如果有选择的机会,大多数人会选择色彩,虽然这样的选择会产生一些混乱感,并开始无穷无尽地寻找身份认同。

世界上的语言

为了保护我们世界的色彩,我们需要了解我们星球上语言的真实情况。世界上现存的语言大约有7000种,其中有2300种在亚洲境内。全球96%的语言的使用者只占全球人口的3%左右;也就是说,一共只有大约2.4亿人在使用着6720种最不常用的语言,平均下来每种语言只有3.5万名使用者。这些"弱势语言"更为令人担忧的情形是,其中有2000种语言的母语人数已经少于1000名了。

难怪有人预测,现存的语言有一半会在2050年彻底消亡。[①]

这也就意味着我们的世界在往一个单一语言的方向发展。

所有人的巨大损失

> 我们将失去表述人何以为人的一个特殊的视角……每个语言都能解锁本土的知识,比如关于医药的秘密、生态的智慧、气候变化的规律、对生死的思考、艺术历史以及神话传说。
>
> ……我们将失去地球上许多文化

---

① https://www.washingtonpost.com/news/world-views/wp/2015/04/23/the-worlds-languages-in-7-maps-and-charts/? noredirect=on&utm_term=.fea17c80265a.

的历史记忆。

……我们将失去一些优秀的当地资源来应对环境恶化的挑战。……医药学可能失去潜在的治疗方法;资源规划者和国家政府将失去传承多年的智慧,比如在脆弱的生态系统中如何管理海洋和土地资源的智慧。

有些人将失去他们的母语……语言消亡最大的悲剧莫过于丧失了母语的群体,他们丧失的是当初他们用来描述这个世界的第一种语言。[1]

我们都失去了**色彩**。

语言消亡的原因

为找出避免语言消亡的对策,我们需要先弄清楚语言为什么会消亡。原因有几个,但归结起来就是因为人们不再使用它,包括:

· 随着母语者的逝世(而不再使用);

· 出于一些"现实"因素的考虑,双语者开始主要使用其中一种语言(而逐渐忘记了另外一种语言,最终不再使用);

· 儿童被灌输了一种对于祖辈语言的羞耻感,认为它是一个劣等的语言(而不再使用);

· 很多国家规定了官方语言,并要求国民必须用官方语言进行沟通,因此让他们觉得自己的母语低人一等不受待见(而不再使用)。

避免语言消亡的对策

语言学家能很清楚地意识到,有一些举措绝对有助于濒临消亡语言的存活。有必要做的是:

· 为所有语言提供一个独立于某个语言的文字系统。

· 为不同语言使用者之间建立一个直接沟通的渠道,无须求助于翻译人员和翻译,也无须学习一门他们无法精通的通用语或强势语言。

· 让所有的语言使用者不以母语论高下,在和其他语言使用者沟通时能处于平等的地位;这样原住民语言和当地的语言就不会自觉比强势语言低人一等。

灵丹妙药

若要实施以上这些对策,我们需求助于世界上连续使用时间最长、历史最悠久的文字系统,并且也是世界上使用人数最多的文字系统。我们要做的是,从现代文明仅存的以字符表达意思的系统中借用表意字。

我们要使用**汉字**。汉字将是拯救语言消亡的一剂灵丹妙药。

应用实例

相信看过以下几个实例,一些持保留态度的人也会相信:汉字不仅是濒危语言的出路,而且是所有在英语强大势力范围下受难的语言的福音。

下面我们来看几则应用实例:

图 1 日语的例子中,我们完全可以忽略第一个片假名的意思;只要认识后两个汉字"手"和"洗"就能猜出这个标识的意思,即使我们不知道日语中人们会怎么念这个标识。

图 1　日语洗手间的标识

还有很多其他的例子。比如图 2 中的 0.05 日元的硬币。上面没有数字,但只要你能认得上面的汉字"五"就能知道这个硬币的面值。知不知道这个字的日语发音是"go"无关紧要。

---

[1] https://www. smithsonianmag. com/smart-news/four-things-happen-when-language-dies-and-one-thing-you-can-do-help-180962188/。

图 2　0.05 日元的硬币

图 4　电梯按键上的"開"（开）和"閉"（闭）

图 3 是另一个日语的例子。懂汉字的人轻易就能理解那两个日语的标识："出口"和"入口"。但登记处前台上方那排字的意思我们就不得而知了。

图 3　登记处的"出口"和"入口"标识

图 5　坐厕冲水扳手上的"大"和"小"

我还有最后两个例子（图 4 和图 5），相信能说服识汉字但是不懂日文的读者，即便不认识汉字，这种表意字也可以成为普世通用的表意符号。

在日本电梯里的这两个繁体字很有意思，因为它们仅用一个复杂的字符就传达一个整句的意思："开门/关门"。

还比如这个双挡冲水马桶扳手上的两个挡位，代表"大"和"小"的水量。

无须知道这些汉字的日语发音，我们只需要知道它们在我们语言中的意思就够了。

我们没有必要会讲文字书写者的语言。就像我们能看懂数字"3"或其他任何数字，尽管它在不同语言中的发音可能是"three"、"drei"、"trois"、"tres"或者"sān"。

更为理性的选择

如果整个欧盟都使用汉字，食物标识、药品说明及所有其他欧盟商店里售卖的东西将简单很多。有时标识上会有多达 24 种语言，其实一种文字就足矣，而且这样会比写满 9 种语言的标识（图 6）看起来清楚得多。

救命的解决方案

使用一个通用的文字系统，世界也会更安全。安全指示在翻译成不同语言的时候都会保持一致性。图 7 是一个真实的例子，显示的是中国一架飞机上安全舱门的指示；

51

图 6　玉米片的营养成分表罗列了九种语言

上面的中英文的指示互相矛盾（"开"旁边的英文是"close"）。真希望有人注意到这个翻译的错误。

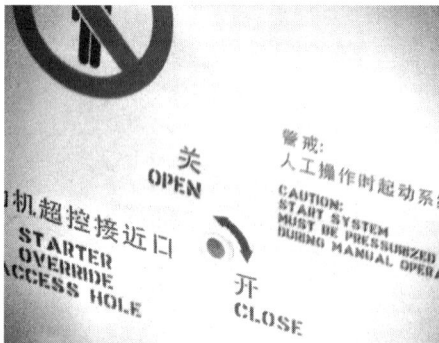

图 7　中国一架飞机上安全舱门的错误中英文标识

26 还是成千上万？

但是，要让目前使用字母的绝大部分语言全部转成汉字文字系统是不是一个现实的做法？

26 个字母再加上个把字符就可以写尽整个英语语言。

很难找到比这更简约有效的方法了！

汉语与英语截然相反，需要成千上万的汉字才能尽书。

所幸，研究表明中国日常使用的汉字只有 3000 到 4000 个。日本的文字体系里因为汉字和假名共用，学生到中学大概会学 2200 个汉字，再加上另外的几百个汉字就能满足日常使用。而韩国的教学体系中，7 年级到 12 年级的学生要学习大约 1800 个汉字。

就算 3000 个汉字就足够了，逻辑仍会告诉我们不应该转成表意字系统。

一种文字系统，7000 多种语言

然而，学习这 3000 个汉字就可以和世界上 7000 多种语言的使用者交流，如此所需的时间和精力远远少于学习一门外语。

语序

显然，这个方案的实施有几个明显的障碍。句子结构可能是一个问题，但是中文的语法主要依赖语序，很容易理解也好掌握，可以在学汉字时顺便学起来。

理论上来讲，及物动词句有六种可能的语序。世界上大部分语言的语序是"主谓宾"和"主宾谓"，有小部分（但仍占总数相当比例）的语言使用"谓主宾"的语序。①

"主谓宾"语言（按照"她吃面条"这样的语序表达的语言）包括英语，罗曼语系的诸多语言，汉语和斯瓦希里语等，意味着世界上很大一部分人口能轻松地掌握这样的语序。当然，如果汉字真的被普遍使用，那么书面语言将如何发展演变，我们拭目以待。当越来越多不同语言的人使用相同的表意字，人类共有的元语言会变得丰富多样起来。

———

① https://en.wikipedia.org/wiki/Word_order。

然而有一件事是肯定的,就是任何语言的使用者(中国人除外)都不需要学习中文。用汉字书写自己的语言不等同于把他们的想法翻译成中文。

打个比方,就好像如果全世界都采用统一标准的纸箱来包装礼物,有些人会以能放进箱子为标准来调整自己礼物的大小和形状。

误解

当然,也会遇到人们彼此不理解的情况,但误解出现的概率要远小于比如某人用一种他几乎不会讲的、词汇量只有两三百的语言(像通用语英语)来表达自己的意思。

语言不是静态的。无论是由母语还是非母语的人讲出来的语言,都以不同的风格和形式呈现。如今,全世界都可以说或写某种形式的英语,但是这些英语的水平是一样的吗?这些英语是一样的吗?

母语者之间的语言差异也是巨大的。所有美国人拥有的语言能力都相同吗?来自路易斯安那州的人和来自缅因州的人,他们的英语一样吗?刚刚完成高中学业的人和在哈佛大学取得博士学位的人,他们的英语一样吗?读过最好的英语文学的那一代人和从未读过一本书、整日打电动讲网语的那一代人,他们的英语一样吗?

此时,再想想其他英语国家的情况。不管是英语独尊的英国,还是英语作为通用语的印度和加纳,它们的英语所呈现出的巨大差别无异于美国的情况。

当我们被迫将想法通过翻译转换成诸如英语这样的语言时,发生误解在所难免。

历史上的先例

最重要的是,现代时期之前的历史上已经存在"笔谈"(用书面语进行交流)的先例,因此我们可以大大地放心。在古代的中国、越南、韩国和日本之间,这讲着四个不同语系(汉藏语系、南亚语系、日语系、韩语系)语

言的国家之间,精英阶层能使用汉字进行有效的沟通。

必须清楚地认识到,诉诸汉字系统并不是创造一种新的世界语,一种新的语言,也不是将中文作为一种通用语言,更不是翻译成中文。人们不需要学会另一种语言。

让所有语言都变简单

上文日本的例子表明,如果你在日本看到用汉字标识的话,你连一个日语单词都不用懂就可以看懂很多。

想象一下如果日本只使用汉字!

想象一下如果您在日本旅行时所熟知并能认出的所有单词在您前往俄罗斯、肯尼亚、智利、蒙古或法国时也是用汉字书写的!

新的语体的出现

即使是使用自己文字的中国人,在和使用汉字的外国人进行交流的过程中也有必要调整他们的语法。他们的语序虽然容易理解,但仍会发展——至少在与外界沟通时,在大多数人乃至整个世界都在使用汉字的压力下。比如"我明天去北京"这样的句子有可能会变成"我去北京明天"。

同理,为了简化沟通,所有参与沟通者都必须使用相同的度量衡单位(公制),同一个时制(24 小时制)和日期格式(日/月/年);并且如果我们都认为周"**末**"是周六和周日的话,那么一周**始**于周一(而不是周日)!

这个世界从来没有使用同一个独立于语言的文字系统。随着时间的推移,语言会出现重合,新的句法结构会自然而然地出现。使用将统领一切。

使用表意字而不知

很少有人意识到,我们其实一直在使用独立于语言的表意字,并且对此毫无知觉。就像莫里哀笔下《贵人迷》里的汝尔丹一样,当他得知自己一辈子其实都在用散文说话时的那种惊讶和欣慰。*"Par ma foi! il y a plus de quarante ans que je dis de la prose sans que j'en susse rien，et je vous suis le plus obligé du monde de m'avoir appris cela."*

更多例子见表 1。为简洁起见，我们在此暂不列出它们在 7000 多种语言中的 7000 多种不同的发音。

表 1　无处不在的表意字

52[written] ♥[written] 4[written] ☺[written]	cincuenta y dos / zwei und fünfzig / cinquante-deux / fifty two [spoken] querer / lieben / aimer / love [spoken] cuatro / vier / quatre / four [spoken] sonreír / lächeln / sourire / smile [spoken]

知表意字而用之

汉字将取代全世界所有依附于语言的字符(见表 2)。

表 2　所有外语的新的文字系统

isla / Insel / île / island [spoken]	岛[written]
ir / gehen / aller / go [spoken]	去[written]
montaña / Berg / montagne / mountain [spoken]	山[written]
mar / Meer / mer / sea [spoken]	海[written]
comida / Mahlzeit / repas / meal [spoken]	饭[written]
río / Fluß / rivière / river [spoken]	河[written]
aldea / Dorf / village / village [spoken]	村[written]
comer / essen / manger / eat [spoken]	吃[written]
gracias / danke schön / merci / thank you [spoken]	谢谢[written]

"弱势语言"的好归宿

"弱势语言"的使用者在和"强势语言"的使用者沟通时仍然可以使用自己的语言。因为官员也用汉字,这样沟通起来双方在语言上就处于平等的地位。

"弱势语言"的使用者不需再因为现实的考量要求自己的后代学习"强势语言"而抛弃本族语言;他们可以在日常生活的每个方面使用并保留自己的语言。

他们可以把本族语言不断地传承下去。

以史为鉴

"一战"期间的一个例子能很好地说明一个独立于语言文字系统的必要性。法国历史学家奥迪勒·罗伊内特在 2018 年 11 月 4 日接受法国日报 *Le Figaro* 采访的时候被问及她最近的一本书《战壕中的话语:战争语言的发明(1914—1919)》。①

在那次采访中她说道,法国士兵来自法国不同的地区和省份,而当时法语还不是共和国的语言。因此当他们想跟家里人写信联系时,只能用小学时学的法语或战场上学到的法语和家人联系。罗伊内特强调说,方言不存在于书面,只存在于口语中。显然,这些用来和家人通信的法语同法兰西学术院会推荐使用的法语天差地别。他们会选择这种所谓的"法语"是因为他们别无选择,因为他们的方言并没有书写系统。因此,在某种程度上,第一次世界大战影响了法语的统一,并且间接地导致了"弱势语言"(比如 Breton 语、Occitan 语等)日渐消亡。

他们当时所需要的,也是当时所缺乏的,是能向他们的亲人清晰表达自己的想法、恐惧和希望的表意字。

———————

① *Mots des tranchées. L'Invention d'une langue de guerre，1914‑1919.* Odile Roynette，Armand Colin.

双赢的局面

"弱势语言"的使用者可以通过吸收其他语言的多姿多彩的表达方式,用本族语表达出来而丰富本族的语言,为本族语言注入新的生命力;反之亦然。

比如像表达"立即"的意思,法语者可能会写"田上"(on the field / sur le champ),而汉语则可能会使用"马上"(on the horse)。这两者之一可能会变成标准用法。

其他语言的使用者可能会觉得"小心"这个用法很好玩而采纳(用"小的心脏"表示"当心"),就如同"加油"("加点油"代表为人鼓气)最近刚被牛津英语词典收录(见图 8 和图 9)!

Jiayou! Phrase 'add oil!' added to Oxford English Dictionary

图 8　刊于 2018 年 10 月 18 日新加坡《海峡时报》国际版的一篇文章①

The Oxford English Dictionary adds 'add oil' in its latest update

图 9　刊于 2018 年 10 月 20 日 whatsupasia.com 的一篇文章②

让超过 7000 种语言发生直接的接触无疑会产生很多类似性质的语言迁移。

中国的贡献

采用汉字也将在某种程度上让更多的外国人了解中国和亚洲古代的传统、宗教、文学、建筑,因为过去亚洲很多地区都广泛地使用汉字(包括韩国、日本、新加坡、马来西亚等)。

中国会因其将汉字供给全世界使用的善举而得到福报。

全球化世界,本土的语言

最重要的是,无须诉诸当今的胡言乱语,世界上任何语言的使用者可以和全世界的任何人沟通——尤其是通过社交媒体,并且抹平我们现如今所见的语言差别,此举将使我们的世界成为真正全球化的世界。

"弱势语言"的使用者从此可以看懂互联网上的内容,甚至可以用自己的语言为互联网添砖加瓦。除了英语以外的所有语言,也因此可以被所有人看懂。并且,他们会**继续使用**自己的语言。

如果我们给那些 6720 种"弱势语言"和文化一个机会,让他们可以**直接**和我们对话,相信我们将受益良多。

如果将来每个人都能读懂或使用书面的汉字(用于阅读和写作),那么,即便像 Brenton 语这样濒危的凯尔特语,都可以用来与讲其他语言的人直接交流。

Trugarez。→谢谢
Deomp →我们去
da zebriñ →吃
hor →我们的
pred →饭
kalon digor! →好胃口!

谢谢。我们去吃我们的饭,好胃口!

Trugarez. Deomp da zebriñ hor pred. Kalon digor! → 谢谢。我们去吃我们的饭,好胃口!(或者,如果你讲中文的话,会是这个更简短的版本:"谢谢。我们去吃饭,好胃口!")

---

① https://www. straitstimes. com/asia/jia-you-phrase-add-oil-added-to-oxford-english-dictionary。

② http://watsupasia. com/news/the-oxford-english-dictionary-adds-add-oil-in-its-latest-update/。

源语言可以是任何"弱势"或非弱势的语言。只要你知道这些汉字在你的母语里代表的含义,你就能轻松地看懂。无须任何其他应用程序,无须谷歌或任何其他翻译软件。

语序可能和你过去习惯的有所不同,特别是如果这个使用者不常常和外国友人交流、不习惯跨国交流,并且还未适应这种通用文字在日常实际使用中发展出来的简化句法,但你仍能自然而然地、轻而易举地理解!

> 谢谢。我们去吃我们的饭,好胃口!
>
> 谢谢。我们去我们的饭吃,好胃口!
>
> 谢谢。我们我们的饭去吃,好胃口!
>
> 谢谢。我们的饭我们去吃,好胃口!

这些句子的意思都不言自明。

无须科技、人工智能和高精尖技术

无须翻译人员,也无须语言对数量有限、翻译质量让人笑掉大牙的应用程序。

人们无须人工智能和高科技就可以直接进行跨语言的交流,且不受限于书面交流。

口语

要开发一个语音合成应用程序并不复杂。它的功能是把你输入/输出的表意字序列或句子按照你选择的语言读出来。不需要翻译,汉字就以口语的形式在你的语言(无论大小)呈现出来。并且,它将能服务于我们今日所有的 7000 多种语言,远超谷歌等其他大牌的翻译及其他类似的程序。

它将为地球上所有其他语言和文化敞开大门。

多功能性

表意字系统——一种过去存在并且明天可以重新存在的简单的非技术解决方案——对那些坚信技术能解决当今语言问题的人而言,是否也能提供理想的解决方案?

他们的任务并不轻松。语言就像病毒,它们的形态多样,要找到合适的抗生素极为不易……对科技人士而言,要找到合适的人工智能解决方案很不容易。

语言就像移动目标,很难上靶!

幸运的是,我们所拥有的常识提供了一个解决方案。

二 人类智能

在我们寻找语言解决方案的当下,常识似乎是现在最匮乏的。越来越复杂的解决方案和资源如同军火竞赛般层出不穷,高科技解决方案被赋予了排他的优先权。

语言解决方案的工程师们就好像是拿着高射炮打蚊子,而人类科学问题的最佳解决方案,特别是语言处理问题,可能需要人类智能的解决方案。

翻译问题不是人工的,因此人工智能(AI)可能不是最佳的解决方案。

我们总是会见树不见林,而没意识到一个简单的解决方案就摆在我们眼前。

类似于汉字的表意字系统可能是一个答案,能解答计算机仍无法准确处理的翻译问题。

它同时也是一个需要涉及像汉字一样的元语言的解决方案,它让我们能更容易地用当今 7000 多种语言的任意一种书面语和口语表达意思——是的,我说的是口语,下面将进一步详述。

只需简单地添加如第一部分中提到的

汉字为方

实时语音合成应用程序,就足以为 7000 多种语言提供双向即时翻译(合起来就是 24496500 个语言对的翻译)。

这俨然是一个能囊括所有"弱势语言"的伟大工具。

最重要的是,在会议领域我们将更加平等。目前的情形是,除非你的母语是英语(或其他一些主要语言),不然参会时你就只能听外语的发言,或者用外语发言。如果用上面提到的工具,这种离奇的情况将不再发生。

很少有参会者意识到,当他们必须用他们不完全掌握的语言传达重要信息或做重要的报告时,他们处于一个明显的劣势。

他们可能是自己领域顶尖的科学家,但他们可能都不如一个做简单报告的硕士生看起来那么专业,就因为他们的英语说得不够好。

第二部分将介绍如果汉字全球通用,国际会议领域会有哪些受益,并且如何可以避免机器翻译带来的无穷无尽的问题。

机器翻译的兴起

大概在 35 年前,翻译领域对于一门日渐重要的新兴科学——计算机科学越来越关注。当时大多数翻译人员对此并不了解,但有些末世论者则声称过不了几年翻译员最终都会被取代而丢了饭碗。

也恰在此时,突然出现了一批自动翻译项目。像 Weidner 的多语言文字处理系统本应该将翻译量翻两番。[①] SYSTRAN 是另一个出自美国的系统,它也开始向美国国防部和欧盟委员会提供服务。这两个项目都对一家法国直升机、飞机和火箭制造商 Aerospatiale 感兴趣,因后者正在扩大与几个欧洲国家的合作伙伴关系,对技术翻译能力的需求也与日俱增。其他的几个翻译项目,包括 TAUM 航空、TITUS、DTAF、SMART、ALPS 等也陆续登陆自动翻译市

场。他们都知道自己的(基础)系统在翻译新闻文章和小说时效果并不理想,但他们认定高度重复性的航空航天类文本更容易翻得准确:

> *Inspect main deck cargo through upper deck viewing port*
> *Verify all engine bleed air switches open*
> *Verify isolation valves switches open*
> *Check for leaks*
> *Verify all pack valves switches open*

彼时,法国当局也正和格勒诺布尔大学联手,携已故的 Bernard Vauquois 教授发起自己的自动翻译项目。本人作为 Aerospatiale 的首席术语学家,对翻译机器巨大潜力的殷切期盼丝毫不亚于这些航天公司和各位先驱者。但在和他们的合作中,我也意识到在短期的未来,翻译人员可以不用担心自己会被取代。但我也知道,SYSTRAN 在整个布鲁塞尔和卢森堡的欧洲委员会团队的支持下,未来几年势必有很大的改观。

早在 1980 年,我就"革新"了 Aerospatiale 直升机部门的翻译工作。通过与公司内部计算机专家合作,我们开发了一种解决方案,让翻译团队得以在计算机终端上工作:我们把单色屏幕分成上下两部分,下面是一个简单的文字处理系统,上面是一个网上的英法技术英语辞典。尽管如此,一些老派的人还是坚持像以前一样用纸笔翻译,再让秘书把他们的翻译打出来。

---

① "California Firm to Unveil a Computer That Processes Words for Translators", Richard A. Shaffer, Wall Street Journal, 10/24/1978。

算力不足

然而,即使是这样一个简单的解决方案,也需要像 Aerospatiale 这样的高科技公司才能提供具有如此强大算力的计算机给它的翻译部门。

自然语言处理所需的超大算力早在当时就已显现。20 世纪 80 年代上半叶,当第一批 PC 出现的时候(当时的 PC 没有硬盘,只有两个软盘驱动器),可以肯定的是它们似乎永远都无法运行计算机辅助的翻译应用程序。

这就是为什么,尽管我们很多人都有各种奇思妙想和满腔热情,在当时看来,自动翻译的未来并不乐观。

回归人文科学

"机器"的局限性当时就已经显现出来,我们当中有些人也开始思考为什么自动翻译产出的结果有时会那么可笑。

难道原因在于,这些工作主要是由计算机专家而不是翻译人员完成的吗?事实上,很少有机器翻译的专家是人文科学背景的。

我们不是早就该意识到我们无的放矢,需要重新开始吗?

20 世纪 80 年代末,这些自动翻译方法没能兑现它们的承诺,因此驱使我们这些有人文科学背景的人开始想象一种充分考虑了人类交流的解决方法。

那诉诸人文科学就是答案吗?我们都知道"人文科学旨在通过广泛的跨学科方法扩大我们对世界的认知。人文科学涵盖了广泛的领域,包括历史、哲学、遗传学、社会学、心理学、进化生物学、生物化学,神经科学和人类学"①。

"跨学科"是其中的关键词,但这也是为什么机器翻译专家单靠其一家之长无法奏效的原因。大多数值得翻译的文本确实涵盖了广泛的领域——它们呈现出不同的风格,包含了不同类型的词汇,但机器无法识别出来。

为了让我的同行们意识到机器翻译解决方案的不足和问题的严重性,早在 1989 年左右,我就决定推动自然语言处理的新思路。

虽然机器翻译在对战人类翻译的第一场比赛已经败下阵来,我的翻译同行们也一直在引用最出名的机器翻译错误(似乎把这些错误说出来他们心里会安稳一些),但我认为,机器翻译可能会在翻译领域最高难度的任务——会议口译中——胜任。

能者事半功倍

1989 年,我发表了一篇文章,题为《计算机辅助口译:神话还是现实?》。

当我与几位同事分享这个标题时,他们异口同声地问:"你的意思是计算机辅助翻译,对吧?"

错!我说的是使用人类技能和机器翻译共同来进行计算机辅助会议口译,从处理口头信息到用另一种语言重新表达出来。

这是一种以人类智能为主、机器翻译为辅的方法。

这种方法包含了以下四个步骤:

1. 对口头单词的**识别**,无论说话者是谁以及他的口音如何。

2. 对信息的**分析**,即使其中存在错误(口头语言比书面语更常出现错误)。

3. 对信息的**翻译**,把正常语速的源语言信息翻译成可理解的正常语速的目标语信息。

4. 对目标语结果的**语音合成**。

具有发展前景的科技

读者以下将看到的,是本人 30 年前给出的建议,这都是基于当时的技术水平。但今日的水平又有多少改观呢?我们暂且不

① https://us. sagepub. com/en-us/nam/journal/history-human-sciences#description。

论第2条,逐条来看1—4的其他三条:

1 ——单词识别是后续步骤的先决条件,而且确实存在严重困难。目前,性能最高的系统只能识别为数有限的单词。这些"单一说话人"系统只认得一把声音,只有经历一个适应阶段,让说话人把每个词都读一两遍,再经过分析之后,才会储存到计算机内存里。稍后我们讨论第2点的时候会发现,口音和多个说话者的问题其实很好解决。

3 ——欧洲机构使用的 SYSTRAN 系统位居市面上最先进的翻译机器之列。许多用户反映,五年的时间内该系统大致的翻译有了很大的进步,理解率能达到 90%。但阻碍达到完全理解的因素有两个:

· 源消息本身的问题(我们接下来将继续讨论)

· 软件本身的问题

五年的时间内,软件的性能得到了显著改善,一切都说明机器翻译在不断的进步中;越来越多有能力的翻译专家参与其中,机器翻译日新月异。举个例子,SYSTRAN 的翻译速度能达到每小时 300000 个单词(对的,3 和 5 个零)!速度在这里不是问题。

4 ——语音合成已经成为现实。即使声音有时听起来显得比较机械音,它并不妨碍理解。达到语速似乎不成问题。

机器翻译的灾难

以上提到的 3 种情况我们今日已经司空见惯。过去 30 年间我们在技术层面也未见任何重大突破。

30 年后的今天,任何自动翻译的尝试都只是徒增了一些笑料而已。

最近有两个例子能证明纯机器技术仍然不适用。

美国广播公司

2016 年 3 月,加拿大总理(图 10)访问美国总统奥巴马时,美国广播公司试图使用自动口译,却洋相百出。

图 10 贾斯汀·特鲁多于白宫

本月,加拿大首相贾斯汀·特鲁多在白宫草坪上发表讲话。他分别用英语和法语作了讲话。电视观众听他用英语讲话时流利顺畅,但当他转成法语时,ABC 的即时字幕却让人触目惊心。我们该如何理解"我们这些老家伙和休斯敦日子的八天在进行",又或者"继续做这些以及工会那些年代和那种口述的情景喜剧",又或者"我们还宣布了它的纳粹局"?

别担心。特鲁多并不是因为受到美国总统奥巴马的邀请而激动得冲昏了头脑。这些荒谬的句子之所以会在屏幕出现,是因为 ABC 选择用电脑程序生成。"该视频中的即时字幕是由语音识别软件自动生成的,"一位 ABC 发言人说道,"软件误把法语当成了英语。"ABC 不依靠人类翻译,而是选择依赖科技,但即便是最先进的语言科技也不总是可靠的。

自动翻译更是如此。讲英语的人有时会嘲笑其他国家的人讲英语时发生的错误;在 21 世纪,这些错误通常与我们对计算机的过度信任有关。①

科大讯飞

同样,一家中国高科技公司(图 11)去年夏天宣布它们将首次推出自动会议口译系统。然而,就在几天之后,真相大白,这是个骗局!

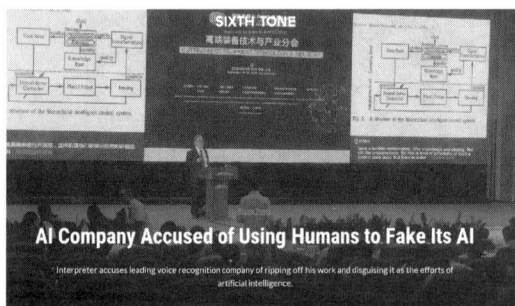

图 11　一个失败的机器翻译尝试

周五,科大讯飞受到了许多指控,这些指控声称它雇用了翻译人员伪造声称是人工智能驱动的同声传译工具。

在中国的知乎(一个类似于 Quora 的平台),口译员 Bell Wang 登出了一封公开信,声称他是周四 2018 年创新与新兴产业发展国际会议上的四名同声口译其中之一;这次论坛却声称他们使用的是科大讯飞的自动口译服务。

周四早上,当一位日本的教授在大会用英语发言时,他身后的大屏幕同时打出来两行字:一行是他的发言的英文字幕,另一行貌似是科大讯飞提供的即时中文翻译。Wang 声称上面的中文并不是对英文的即时翻译,而是对他和其他同传译员提供的同声传译的转写。

Wang 在信中说,"没想到被深深恶心了一把"。

……

科大讯飞的 CEO 胡郁周五在新浪微博发布了一条微博,说会议中使用的工具其实是一个转录工具,而不是一个翻译工具。此前据《中国证券报》报道,在这封信曝光之后,科大讯飞以公司总裁刘庆峰在周一发表的言论回应媒体,刘庆峰表示希望"形成人机耦合的同传新模式,并不是去替代同声传译"。②

回归人情味

我 30 年前列表上的第 2 条已经表明,我们没有采取正确的途径去解决这个问题。俗话说,"一分预防胜过十分治疗"。我认为使用人类语言学家进行后期编辑是有问题的,正确的解决方案应该是预防性的,即先由人进行前期编辑,然后再用机器翻译进行处理。计算机行业的那句"废料进,废品出",说的就是只有在源头消除潜在的"垃圾",我们才可以省去后期的编辑,因为程序产生的垃圾会少一些。更重要的是,按照上述四个步骤循序渐进的话,任何后期编辑都不可能进行,因为结果必须马上经过语言合成系统产生出来。那么,如果我们忽略系统产生的错误(预期以后会越来越少),源消息的错误应该如何消除呢?

通过人工智能吗?虽然它已经优于人类的愚蠢,但我们也目睹了人工智能还不能胜任当前的任务。

---

① https://montrealgazette.com/opinion/columnists/watchwords-translation-software-can-yield-laughable-results, March 25, 2016。

② http://www. sixthtone. com/news/1002956/ai-company-accused-of-using-humans-to-fake-its-ai-, September 21, 2018。

人类的前期编辑

唯一剩下的解决方案是自然或人类智能。我们能预见到在消息源和翻译软件之间存在一个人类与两端的交互。这个"重述者"或"预编辑者"将能够完全理解原话的意义,在考虑了原语言的语法规则以及程序所能处理的语言结构后,用同一种语言重新即时表达出来。这个人必须是一个有语言技能的专家,他不仅能把语言的形式转换成机器能接受的形式(换句话说就是他能够对机器说话),而且他也能完全理解手头的话题(不论话题有多深奥艰涩),这样才能正确地重组并增进信息的质量,但这样的人并没有必要知晓其母语以外的语言。

通过这种方式,一位在"法国展位"的法语"重述者"只需要重新表达法语代表的参会发言,再经过计算机化的口译系统,人们便能懂得讲其他语言的参会者的发言。由于这种操作较为简单,其对操作者素养的技巧远低于对同传译员的要求——后者需要同时在多种语言之间切换。

团队协作

此外,这项新技术的到来还真有可能让会议组织者和口译员对参会方施加纪律要求。如果他们明白计算机对于专业术语的理解是基于是否已经有相关储存,就有可能说服他们提前提交一个他们准备使用的专业术语列表。计算机是不可能灵光一闪突然就懂得新内容的。

这也给那些有语言天赋的与会代表一个机会去查阅对等的术语,以确保术语的正确使用。

这些词汇如果先由"重述者"从列表中选出,然后再由机器翻译,必定会比一群口译员想出来的更一致、更标准,使得演讲和报告也更容易理解。

机器翻译的理想条件

翻译机器,借由它特殊的存在以及代表们对它的态度,将创造出人类口译员难以创造的理想工作条件。

源消息不完善(术语不准确和语法)的问题一旦解决,机器翻译将能够在最理想的条件下进行。

此外,语音合成系统将提供一个唯一的声线和唯一的标准口音,使非母语者更容易听懂口译——英语国际会议的参会人员中非母语者要远多于英语母语者。

翻译的最终结果的质量将与专业人员采取的错误预防措施成正比。

机器口译的出现

机器口译(MI)将成为现实,因为人类将处于控制之中。

机器口译会越来越稳定,并会在一个组织的常规会议中使用。每一次会议提供的都是改善词汇表的机会。慢慢地,随着人工智能的发展,通过比较普通发言人的讲话和"重述者"的讲话,机器口译经过训练将能直接识别普通发言人说话的内容。

机器口译的局限

尽管有如此长足的发展,机器口译针对每种语言对仍然需要特定的程序。其中最常见的语言对——比如英语—法语、英语—西班牙语、汉语—英语——这些年来已经享受了机器翻译的优先待遇,那些较为罕见的语言对如匈牙利语—越南语和韩语—希腊很可能不会被系统处理,涉及"弱势"语言的语言对更是如此。

没有机器翻译的机器口译:汉字助力

但是,正如本文第一部分提到的,我们可以有一个简单的解决方案,并且完全不需要涉及机器翻译。

这个解决方案有可能涵盖 7000 多种语言和 24496500 种语言对。那就是,通过语音识别系统把"重述者"重新表述的口语词句转换成汉字(**而非他们惯常使用的文字系统**)。

到那时汉字将成为普遍的字符,而"重述者"只需要熟悉随着汉字的推广而发展出来的世界通用文字的书写语法(如语序)就足够了。

最后一步也已在本文第一部分描述过了:我们借助通用表意字符进行语言的语音合成。

三 结语

仅仅 20 年的时光,世界发生了翻天覆地的变化。人们不再写信、寄信,不再去银行存支票,不再去旅行社预订机票,不再去光盘店买他们喜爱歌手的最新专辑。

电话已经变得具有移动性和多功能性;它们已不再仅仅是电话。

万维网改变了人们生活中的一切。

基于这样的经历,人们开始相信高科技和人工智能能用于我们所做的一切,并且能比传统方式所能做到的更好。

然而,新的行事方式面临着一定的阻力,语言处理就是其中之一。

过去的 40 年里已有无数的尝试,希望能设计出像魔法棒一样的软件,轻轻一挥就可以把任何语言翻译成任何语言——尽管这里所说的"语言"指的其实都是"强势语言"。

不幸的是,这种雄心勃勃的希望一次又一次地破灭。高科技和人工智能正在飞速发展,但语言处理的进展却仍非常缓慢而且不完美。

现在是时候往回退一步,承认失败,开始寻找其他解决方案了。

我们的解决方案是让全世界都放弃依赖于自身语言的书写系统,转而采用不依赖于语言、不依赖于发音的表意字系统。

无须推倒重来,我们今天已经具备这样的书写系统:中国汉字。过去,汉字作为表意字系统用于四个不同语系语言间的沟通(笔谈);今日,它们已经准备好成为未来的通用书写系统。

采用汉字将能有效解决人工智能还未能成功应对的问题,并且让"弱势语言"有生存和发展的空间。

汉字表意字的使用将为"弱势语言"的使用者赋予力量,让他们成为 21 世纪全球的积极参与者。并且,我们这些世界"强势语言"的使用者将能够接触到 6000 多种"弱势语言"所包含的语言和文化财富,以及他们历史悠久的文化。

> 其他文化并不需要以你所属的文化为样板。[①]
> ——韦德·戴维斯(Wade Davis)

作者简介

丹尼尔·格伦,国际会议口译员协会会员,主要从事法、英、德、意、西五种语言之间的会议口译。曾在法国第一马赛大学、美国蒙特雷高级翻译学院、北京语言大学和西安外国语大学等多所高校教授翻译课程。主要研究方向为计算机辅助翻译及术语翻译研究。

译者简介

彭馨葭,南京大学文学院副研究员,中国语言战略研究中心研究人员,主要研究方向为社会语言学、语言演变及对外汉语教学。电子邮箱:xinjiapeng@nju.edu.cn。

---

① 原文出处:"The world in which you were born is just one model of reality. Other cultures are not failed attempts at being you; they are unique manifestations of the human spirit."(译者注)

港珠澳三地粤语单字调的社会语音学研究[*]

——兼论判别分析法在声调变异研究中的作用

张延勇

澳门大学

提　要：本文调查了香港、澳门、珠海三地 18 名粤语母语者的单字调系统，旨在探索和比较三地粤语单字调的变异。研究运用判别分析、听音转写、独立样本 T 检验三种方法对被试语音数据进行统计分析，发现：三地粤语中存在"阴上－阳上(T2－T5)"、"阴去－阳去(T3－T6)"、"阳上－阳去(T4－T6(T4－T3/6))"、"下阴入－阳入(T8－T9)"四组声调合并变化。通过年龄的对比分析，研究发现：香港粤语单字调合并最快的是中年人，而澳门和珠海最快的是青年人。比较三地合并变化的速度，统计结果显示：珠海合并变化最快，香港最慢。

关键词：香港粤语；澳门粤语；珠海粤语；单字调；合并变化

引言

李新魁(1994)、詹伯慧(2002)、伍巍(2007)、甘于恩和简倩敏(2010,2012)等学者认为香港、澳门和珠海(香洲)(后文均指此地区，不再特别指出)三地的粤语都属于广府片。

广府片粤语以广州音为代表，有 9 个声调：平、上、去、入各分阴阳，阴入又根据主要元音的长短分为上阴入(短元音)和下阴入(长元音)。为方便叙述，本文将阴平标记为 T1，阴上标记为 T2，阴去标记为 T3，阳平标记为 T4，阳上标记为 T5，阳去标记为 T6，上阴入标记为 T7，下阴入标记为 T8，阳入标记为 T9。调类及调值见表 1，表中引号中的字为例字。

表 1　标准粤语声调格局表(詹伯慧，1987)

调域	调类			
	阴平 T1	阴上 T2	阴去 T3	上阴入 T7
阴	[55]"分"	[25]/[35]"粉"	[33]"训"	[5]"忽"
				下阴入 T8
				[3]"发"
阳	阳平 T4	阳上 T5	阳去 T6	阳入 T9
	[11]/[21]"焚"	[13]/[23]"奋"	[22]"份"	[2]"罚"

---

　* 本文根据笔者的硕士学位论文修改而成，感谢导师徐大明教授的指导。本文受到澳门大学 MYRG 科研项目"澳门、香港和珠海语言接触与认同"(MYRG2015－00205－FAH)的资助，在写作过程中也得到邓景滨、邵朝阳、张璟玮等诸位师友的指导，一并致谢。

63

港珠澳三地粤语单字调的研究成果丰富。其中香港粤语单字调的研究较多，澳门、珠海粤语单字调的研究则较少。詹伯慧和张日升(1987)、Bauer ＆ Benedict(1997)、林建平(2001)等人都对香港粤语的调类和调值进行过描写。以上学者对香港粤语调类的划分基本一致，调值略有差异；Bauer(2003)、Peng(2006)、姚玉敏(2009)、Mok ＆ Wong(2010)、Fung ＆ Wong(2011)、Mok et al.(2013)、林建平(2015)、贝先明和向柠(2016)等学者运用实验语音学的方法分析了香港粤语单字调的合并。詹伯慧、张日升(1987)、詹伯慧(2002:201)、罗言发(2013)、曹志耘(2014)等描写了澳门粤语单字调的调类和调值；贝先明和向柠(2016)运用实验语音学的方法分析了澳门粤语单字调的合并变化现象。詹伯慧和张日升(1987，1990)、珠海市志(2001)对珠海粤语的单字调进行了描写。

目前为止，我们看到香港、澳门、珠海三地粤语单字调的研究分为两类：第一类是采用传统方言学方法的研究；第二类是运用实验语音学方法的研究。当代新方言调查力求运用传统方言学和社会语言学结合、实验语音学与统计分析结合、文献的历史记录与现实语言的表现结合的新方法(石锋、梁磊、王萍，2008；转引自梁磊、孟小淋，2013)。因此，本文将运用新方言调查的方法对香港、澳门、珠海三地的粤语单字调进行研究和分析，旨在探索和比较三地粤语单字调的变异。

一 语音实验与方法

(一)录音材料

本研究中所有单字都是以广府片标准粤语9个声调为标准设计。调查字表中的所有汉字均从《方言调查字表》中选取，优先选择单韵母的汉字，共143个单字①，调查单

字的详细信息列于文后附录。

调查字表分为两种，珠海地区用简体字，港澳地区用繁体字。在进行录音前，作者将被测试的单字做成幻灯片，每张幻灯片上只有一个汉字。为了避免后续汉字的影响，这些字的出现顺序都是随机的，每个汉字只读一遍。

(二)调查过程

发音人采用随机抽样，选择标准参考Zhang(2014)：(1)发音合作人以及他们的父母都是在当地出生及长大；(2)他们说地道的当地方言；(3)当地方言是他们唯一的家庭语言；(4)他们有识字能力，至少受到过初级教育；并在其基础上增加了(5)发音人未曾离开当地超过半年的情况。本次田野调查分三次进行，历时一个月。本文选择了三个年龄段：青年18—25岁、中年35—55岁、老年60岁以上，每个年龄段选择两名发音人，男女各一位(发音人的详细信息列于文后附录)，对比三个年龄段语音材料有助于分析声调的代际变化和差异。

(三)数据处理

本文采用语音分析软件"Praat"和我们自己编写的脚本，对每个发音人的语音样本进行声学分析。声调切分完成后用Praat截取每个单字基频值的11个等距离测量点(P0，P1...P10)，之后手动检查。由于首字母辅音的困扰，声学分析会把基频值的第一个测量点删除，仅有十个测量点(P1...P10)的值会被用于分析和比较(Mok et al.，2013；Zhang，2014)。

在声学分析中运用Zhang(2014)提出的归一方法——ST－AvgF0，这是采用每个

----

① 对调查字表的说明：调查字表按照清浊对立，将每个调类分成A、B两类，每类各设计8个字。但因设计时查阅的数据不够权威，后期处理时按照《方言调查字表－2005年修订版》进行检查，将不符合的单字合并或删除。故造成每个类别调查单字数量不一样。

发音人自身的平均音高值进行归一的一种方法,归一效果较好。ST－AvgF0 的具体公式如下所示:

$$ST-AvgF0 = \frac{12 \times \ln(Hz/Avg)}{\ln 2}$$

其中,"ST"代表的是归一之后的音高值的单位半音(semitone),"AvgF0"是指每个发音人所有目标字的基频均值,Hz 表示每个字每个点的音高值。

(四)数据分析方法

Mok et al.(2013)用判别分析的方法找出香港粤语出现的声调合并变化,但是她在文中同时提到"判别分析的分类是否权威还不清楚"。为了探究判别分析在声调变异研究中的作用,本文主要运用听音转写、判别分析和独立样本 T 检验三种方法。听音转写是传统方言学和语音学研究的基础,从定性的角度分析声调。判别分析和独立样本 T 检验是两种统计分析方法,从定量的角度分析声调。判别分析是一种利用一系列连续的因变量预测群组成员如何分类的多变量统计方法。本文中预测的基频值都是一条声调曲线上的点,因此是一系列连续的因变量。再者,判别分析利用函数寻找最大组间差异,从而为群组成员进行分组。最后,判别分析利用分类率能直接判别不同群组之间的区别。本文可以根据判别的正确率(或者错误率)直接预测两个声调是否合并。因此,作者选择判别分析的方法。

判别分析对异常值(outlier)十分敏感,在判别分析前我们首先要对数据分别进行单变量(univariate)和多变量(multivariate)异常值的测试。如果有异常值一般采用转写或剔除的做法,因为异常值会对判别结果产生很大的影响(Tabachnick et al.,2013)。数据的标准分数(z－score)大于 3.29[①] 被认为是单变量异常值,多变量异常值的判定是马氏距离大于相应卡方临界值。

独立样本 T 检验根据不同的声调曲线,检验不同的参数。已有关于声调变异的研究中,在处理平调、升调或降调时,最常用的检测参数是声调起止点间的斜率和平均音高,或者参考声调起点的基频值(Bauer,2003;Peng,2006;姚玉敏,2009;Fung & Wong,2011;Zhang,2014,等)。粤语声调虽然个数多,但声调曲线并不复杂,主要分为平调、升调和降调三种。所以本文也选用独立样本 T 检验。

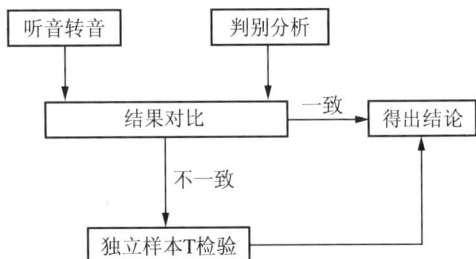

图 1　听音转写、判别分析、独立样本 T 检验流程图

运用三种方法分析时,作者先进行听音转写得出声调合并变化,之后运用判别分析进行语音分析得出声调合并变化。对比二者的结果,如果有差异,作者再采用独立样本 T 检验的方法进行验证,最后得出声调合并变化的结果。

二　港珠澳三地粤语单字调的合并变化

在本部分首先用判别分析的方法预测香港、澳门、珠海三地粤语单字调可能出现的声调合并变化,之后与作者听音转写的结果进行对比。为更准确判断三地粤语出现的声调合并变化,用独立样本 T 检验的方式对判别分析与听音转写不一致的结果进行验证。

----

① 单变量(univariate)离散值＞3.29(参见 Mok & Wong,2013)。

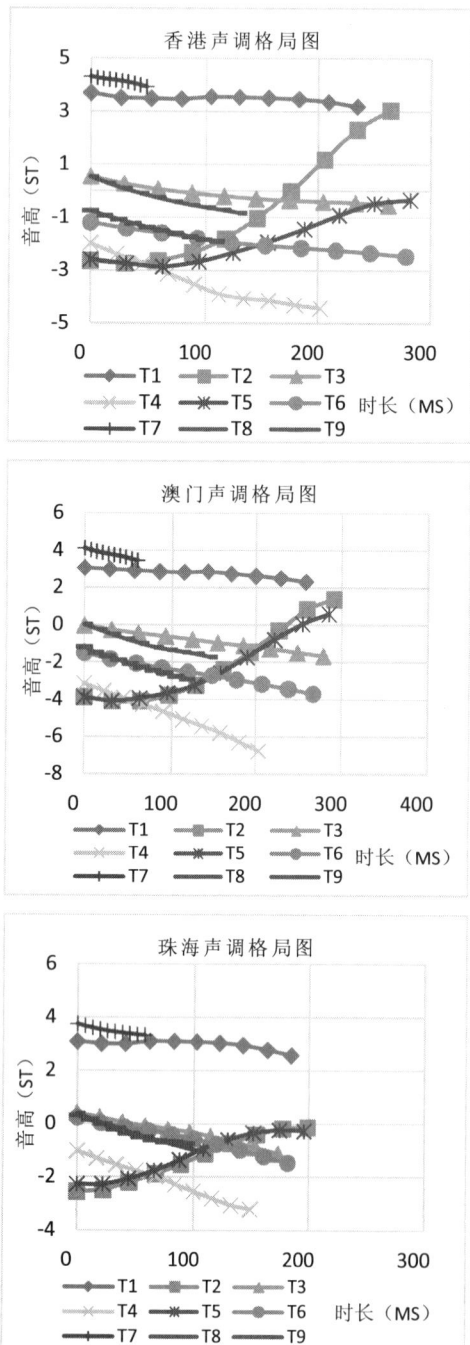

图 2 香港、澳门、珠海三地粤语声调格局图

结合图 2 三地声调格局图，T1[55]和 T7[5]位于整个调域的最上端，基本没有与其他声调存在重叠的区域，因此本文没有讨论 T1 和 T7。Mok et al.（2013）也证实了

T1[55]参与判别分析对结果没有影响。

（一）判别分析结果

表 2 是香港粤语单字调（T2—T6 以及 T8 和 T9）的分类错误率表。

从表 2 可以看出香港粤语单字调可能出现合并变化的声调有四组，分别是 T2—T5、T3—T6、T4—T6 和 T8—T9。表 2 的数据还反映出声调配对的合并变化速度并不是对称的。例如，对于大部分发音人而言，判别分析将 T4 判别成 T6 比将 T6 判别成 T4 容易。

由表 3 发现：澳门的五位发音人的 T2—T5 合并变化正在进行中，而 A5M 的 T2 和 T5 并未出现合并变化；T3—T6、T4—T6 和 T8—T9 的合并变化在进行中。但是在以往的研究（詹伯慧、张日升，1987；詹伯慧，2002；罗言发，2013；曹志耘，2014；贝先明、向柠，2016）中发现：T2 和 T5 已经完成合并变化，成为一个升调，而且从图 2 澳门声调格局图中我们也可以看出 T2 和 T5 的声调曲线基本重合。

从表 4 可知：珠海粤语的 T2—T5、T3—T6、T4—T6 和 T8—T9 合并变化正在进行中。但是在以往的研究（詹伯慧、张日升，1987，1990；珠海市志，2001）中发现：T2—T5 已经完成合并变化，成为一个升调；T3—T6 已经完成合并，成为一个平调；T8—T9 已经完成合并变化，成为一个入声。而且从图 2 珠海声调格局图中我们也可以看出 T2—T5、T3—T6 以及 T8—T9 的声调曲线基本重合。

综合表 2 至表 4 的结果，澳门粤语的 T2—T5 和珠海粤语的 T2—T5、T3—T6 以及 T8—T9 判别分析的结果与已有研究出现差异。下文将分析听音转写的结果，如果听音转写的结果与判别分析的结果出现不一致，我们将运用独立样本 T 检验的方式对其做进一步检验，以使得结果更加准确。

表 2　香港单字调(T2—T6 以及 T8 和 T9)分类错误率表

	错误分类率											
	T2→ T5	T5→ T2	T3→ T6	T6→ T3	T3→ T5	T5→ T3	T4→ T6	T6→ T4	T8→ T9	T9→ T8	整体 错误率	整体 正确率
H2F[①]	0	0	6.3	0	0	0	0	0	0	6.3	5	95
H2M	6.7	6.3	12.5	18.8	0	6.3	9.1	6.3	6.7	18.8	16.6	83.4
H3F	20	6.3	18.8	17.6	6.3	18.8	13.3	5.9	40	18.8	27.8	72.2
H5M	7.7	6.7	12.5	23.5	0	6.7	26.7	17.6	40	31.3	32.9	67.1
H6F	18.8	0	0	6.3	0	0	7.1	6.3	13.3	13.3	12.6	87.4
H6M	7.7	0	0	0	0	0	15.4	5.9	6.7	25	9.1	90.9
均值	12.2	3.86	8.76	13.2	1.26	6.36	14.3	8.4	21.3	21.4	19.8	80.2

注:错误率大于10%的用阴影标记。[②]

表 3　澳门单字调(T2—T6 以及 T8 和 T9)分类错误率表

	错误分类率											
	T2→ T5	T5→ T2	T3→ T5	T5→ T3	T3→ T6	T6→ T3	T4→ T6	T6→ T4	T8→ T9	T9→ T8	整体 错误率	整体 正确率
A5M	0	0	0	0	0	5.9	0	0	0	6.3	2.25	97.75
A2F	8.4	27.3	0	0	18.8	23.5	33.3	11.8	33.3	25	28.4	71.6
A2M	18.8	6.3	0	0	18.8	23.5	7.7	5.9	33.3	37.5	29.3	70.7
A4F	26.7	23.1	0	7.7	6.3	11.8	7.1	11.8	6.7	13.3	19	81
A6F	27.3	25	0	0	12.5	29.4	14.3	0	23.1	37.5	28	72
A6M	31.3	40	0	0	6.3	41.2	20	23.5	20	12.5	25.5	74.5
均值	22.5	24.3	0	1.5	12.5	25.9	16.5	10.6	23.3	25.2	26.1	73.9

表 4　珠海单字调(T2—T6 以及 T8 和 T9)分类错误率表

	错误分类率											
	T2→ T5	T5→ T2	T3→ T5	T5→ T3	T3→ T6	T6→ T3	T4→ T6	T6→ T4	T8→ T9	T9→ T8	整体 错误率	整体 正确率
Z4F	33.3	30.8	0	0	18.8	17.1	6.7	0	20	20	21.1	78.9
Z2F	18.8	18.8	0	18.8	6.3	17.8	40	17.6	21.4	18.8	23.5	76.5
Z2M	25	6.3	0	18.8	12.5	23.5	26.7	17.6	26.7	37.5	35.5	64.5
Z5M	31.3	20	0	6.7	18.8	29.4	0	0	33.3	37.5	32.1	67.9
Z6F	31.3	37.5	0	0	25	29.4	0	5.9	33.3	25	31.2	68.8
Z6M	30.8	26.7	0	6.7	33.3	35.3	13.3	0	26.7	40	34.7	65.3
均值	27.4	21.9	0	10.2	19.2	27.1	16	8.2	28.3	31.8	31.4	68.6

---

①　H2F:H 代表香港、2 代表年龄即 20 多岁、F 代表女性;下文中的 A 代表澳门、Z 代表珠海。

②　文中标记错误率的方法依照 Mok et al.(2013)。

（二）听音转写结果

图 3 是听音转写定性分析的结果，每个调类的左列是原声调。

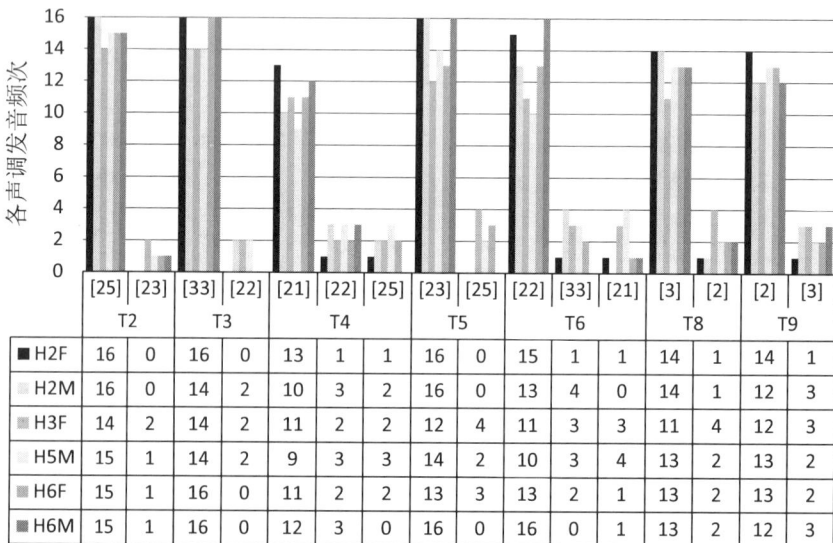

	[25]	[23]	[33]	[22]	[21]	[22]	[25]	[23]	[25]	[22]	[33]	[21]	[3]	[2]	[2]	[3]
	T2		T3		T4			T5		T6			T8		T9	
■H2F	16	0	16	0	13	1	1	16	0	15	1		14	1	14	1
H2M	16	0	14	2	10	3	2	16	0	13	4	0	14	1	12	3
H3F	14	2	14	2	11	2	2	12	4	11	3	3	11	4	12	3
H5M	15	1	14	2	9	3	3	14	2	10	3	4	13	2	13	2
H6F	15	1	16	0	11	2	2	13	3	13	2	1	13	2	13	2
H6M	15	1	16	0	12	3	0	16	0	16	0	1	13	2	12	3

注：图中方括号里的数字代表调值（下同）。

图 3　香港发音人 T2 至 T9 声调发音频次

从图 3 可以看出，香港粤语出现了四组声调合并变化，分别是：T2－T5、T3－T6、T4－T6 和 T8－T9，且都在进行中。从出现的声调合并变化的组数以及是否合并完成的角度分析，图 3 与表 2 判别分析的结果基本一致。

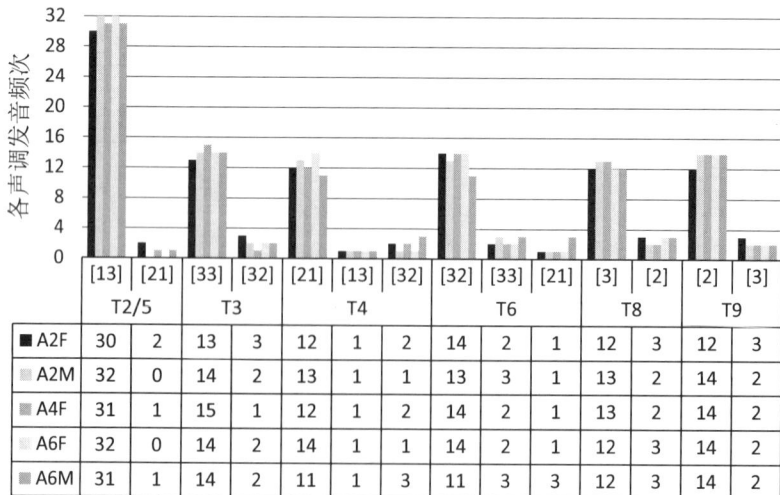

	[13]	[21]	[33]	[32]	[21]	[13]	[32]	[32]	[33]	[21]	[3]	[2]	[2]	[3]
	T2/5		T3		T4			T6			T8		T9	
■A2F	30	2	13	3	12	1	1	14	2	1	12	3	12	3
A2M	32	0	14	2	13	1	1	13	3	1	13	2	14	2
A4F	31	1	15	1	12	1	2	14	2	1	13	2	14	2
A6F	32	0	14	2	14	1	1	14	2	1	12	3	14	2
A6M	31	1	14	2	11	1	1	11	3	3	12	3	14	2

图 4　澳门发音人 A2F、A2M、A4F、A6F、A6M 的声调发音频次

表 5　澳门发音人 A5M 的声调发音频次表

	T2		T3		T4		T5		T6		T8		T9	
	[25]	[23]	[33]	[32]	[21]	[22]	[23]	[25]	[32]	[33]	[3]	[2]	[2]	[3]
A5M	16	0	14	1	16	0	16	0	16	1	14	1	15	1

由图 4 和表 5 得知澳门五位发音人的 T2 和 T5 已经完成合并变化,这与表 3 判别分析的结果不一致。而 T3－T6、T4－T6、T8－T9 三组声调都是进行中的变化。

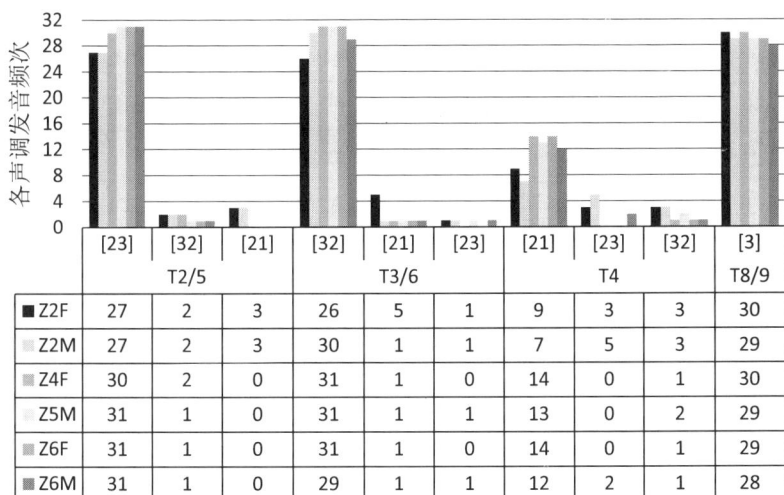

图 5　珠海发音人的声调发音频次

由图 5 可知,珠海粤语的 T2－T5、T3－T6、T8－T9 已经完成合并变化,这一结果与表 4 判别分析的结果有出入。而 T4－T6 的合并变化是在进行中,这与判别分析的结果是一致的。

具体分析表 2 与图 3、表 3 与图 4、表 4 与图 5 的数据,我们发现 T8－T9 的合并变化有很大的差异。

综上判别分析与听音转写的分析:香港粤语单字调除 T8－T9 外,T2－T5、T3－T6、T4－T6 的判别分析与听音转写结果基本一致,都是进行中的变化;澳门粤语单字调的 T2－T5、T8－T9 的判别与听音的结果出现了差异;珠海粤语单字调仅有 T4－T6 一组的判别与听音的结果一致,其余三组均不一致。

因此下文的独立样本 T 检验将对上述判别分析、听音转写结果出现不一致的声调组做进一步检查,以求得较为准确的结果。

(三)独立样本 T 检验结果

本部分主要对上文提到的判别分析与听音转写结果不一致的声调组进行独立样本 T 检验。

首先上文都提到三地 T8－T9 的合并变化在判别分析与听音转写中存在很大的差异,作者认为造成判别分析与听音转写结果悬殊的原因是 T8 和 T9 是入声,它们的时长比较短,而判别分析时并没有把时长作为一个变量参与判别。所以将运用独立样本 T 检验对三地 T8－T9 的合并变化进行检验。

表6　三地发音人 T8－T9 平均时长
独立样本 T 检验的结果

	时长均值(ms)		t 值	p 值
	T8	T9		
H2F	252.72	184.59	2.590	.015*
H2M	100.27	91.62	.610	.547
H3F	83.91	75.69	.701	.489
H5M	102.70	81.47	1.906	.067
H6F	143.46	119.69	1.867	.072
H6M	102.94	90.79	.900	.378
A2F	84.39	78.16	.589	.560
A2M	184.48	142.34	2.718	.011*
A4F	159.48	147.46	.709	.487
A5M	184.89	149.04	2.592	.015*
A6F	133.51	102.75	2.812	.009*
A6M	122.80	98.64	2.273	.031*
Z2F	127.30	109.98	1.324	.196
Z2M	80.51	71.81	1.237	.226
Z4F	127.86	117.92	.549	.587
Z5M	96.92	86.22	.936	.357
Z6F	73.93	70.56	.348	.730
Z6M	116.31	106.63	.925	.362

表7　三地发音人 T8－T9 平均音高
独立样本 T 检验的结果

	音高均值(Hz)		t 值	p 值
	T8	T9		
H2F	227.89	209.02	7.099	.000*
H2M	110.34	103.99	4.184	.000*
H3F	165.67	164.72	.130	.898
H5M	124.41	118.62	2.063	.049*
H6F	225.07	201.84	6.053	.000*
H6M	156.04	139.98	5.147	.000*
A2F	199.5	192.7	2.256	.032*
A2M	128.4	124.6	1.330	.381
A4F	187.0	176.6	3.508	.023*
A5M	156.2	141.9	6.059	.329
A6F	154.8	147.8	2.300	.386
A6M	125.6	110.3	1.972	.891
Z2F	195.79	191.72	1.950	.064
Z2M	102.64	105.62	−.886	.383
Z4F	181.41	186.96	−1.444	.160
Z5M	114.61	116.05	−.650	.521
Z6F	180.62	178.17	.478	.636
Z6M	106.19	106.87	−.432	.676

　　由表6得知，H2F、A2M、A5M、A6F、A6M 五人的 T8－T9 的时长有显著性差异[1]。因此我们在判断 T8－T9 时应考虑时长因素。为更准确得知 T8－T9 的合并变化情况，我们又对其平均音高做了独立样本 T 检验，结果见表7。

　　从表7得知，香港仅有 H3F 一人 T8－T9 平均音高没有显著差异，澳门是 A2F 和 A4F 两人 T8－T9 的平均音高有显著性差异，珠海地区六位发音人 T8－T9 的平均音高都没有显著性差异。

　　综合表6和表7可知：香港粤语单字调以及澳门粤语单字调 T8－T9 的合并情况远低于判别分析的结果，珠海地区粤语单字调 T8－T9 的合并情况高于判别分析的情况。独立样本 T 检验的结果与听音转写结果基本一致。因此，香港、澳门两地的 T8－T9 处于进行中的变化，珠海地区的 T8－T9 已经完成合并变化。

　　除 T8－T9 外，澳门和珠海两个地区 T2－T5 的判别分析与听音转写的结果也不

―――――――

① 注：$P < 0.05$ 认为存在显著性差异。

一致。从图 2 可知,T2—T5 是升调,因此对其声调斜率进行了独立样本 T 检验。

表 8　澳门发音人 T2 和 T5 声调斜率的
独立样本 T 检验

	斜率		t 值	p 值
	T2	T5		
A2F	21.15	19.11	.273	.787
A2M	27.19	24.59	1.884	.070
A4F	23.10	27.44	−1.311	.200
A5M	27.66	11.79	10.184	.000*
A6F	23.72	24.17	−.266	.792
A6M	38.13	41.85	−.676	.504

表 8 结果显示仅有 A5M 一人的 $p <$ 0.05,存在显著性差异,其余五人的 T2 和 T5 声调的斜率都不存在显著性差异,也就是说,澳门发音人除 A5M 外,其他五人的 T2 和 T5 已经完全合并变化,与听音转写的结果一致。

表 9　珠海发音人 T2 和 T5 声调斜率的
独立样本 T 检验

	斜率		t 值	p 值
	T2	T5		
Z2F	14.66	9.91	1.535	.147
Z2M	12.10	7.74	1.198	.242
Z4F	17.49	.17.87	−.166	.871
Z5M	24.18	20.26	.747	.461
Z6F	28.88	35.18	1.191	.269
Z6M	18.42	16.66	.783	.440

由表 9 可知,珠海粤语的 T2 和 T5 声调的斜率都不存在显著性差异,也就是说,珠海六位发音人的 T2 和 T5 已经完全合并变化,成为一个升调,与听音转写的结果一致。

珠海地区除了 T2—T5、T8—T9 外,T3—T6 的判别分析与听音转写结果也不一

致。由图 2 可知,T3—T6 是平调,但是二者均有降势音高。张凌(2017)也指出粤语中的平调实际上都显现出一定程度的下降趋势。因此我们对 T3—T6 的声调斜率进行了独立样本 T 检验。

表 10　珠海发音人 T3 和 T6 声调斜率的
独立样本 T 检验

	斜率		t 值	p 值
	T3	T6		
Z2F	−8.49	−8.89	.168	.867
Z2M	−16.54	−15.43	−.373	.711
Z4F	−15.82	−14.21	−.847	.404
Z5M	−9.97	−12.81	1.221	.231
Z6F	−13.75	−9.10	−1.357	.185
Z6M	−9.26	−9.36	.067	.947

如表 10 所示,珠海六位发音人的 T3 和 T6 声调斜率没有显著性差异,即珠海六位发音人的 T3 和 T6 已经合并变化,与听音转写的结果相一致。

小结:通过判别分析、听音转写、独立样本 T 检验三种方法对语音数据的分析统计,我们得出香港、澳门以及珠海三地粤语单字调出现了四组声调合并变化的现象:分别是 T2—T5、T3—T6、T4—T6 和 T8—T9,不过它们的合并变化程度不一。香港四组声调都在进行中,澳门除 T2—T5 完成合并外,其余二组也都是进行中的变化,珠海除 T4—T3/T6 在进行中外,其余三组均以完成合并。在研究方法上,我们得出听音转写与独立样本 T 检验的结果一致,而判别分析在某些声调判别上与前两者有较大差异。

三　港珠澳三地青年、中年和老年的统计分析

温慧媛(2001)和区靖(2011)通过对比不同年龄段声调发音的频次和百分比来比

较声调变化的快慢,我们也用此方法对比香港、澳门、珠海三地青年、中年和老年声调变化的快慢。本研究中年龄段的划分依据韩国盛等(2011),将60岁以上定为老年,31—59岁为中年,30岁以下为青年。

(一)香港粤语青年、中年和老年的统计分析

香港粤语单字调出现了 T2—T5、T3—T6、T4—T6 和 T8—T9 四组声调合并变化。本部分将分析四组声调合并变化在不同年龄段的表现。

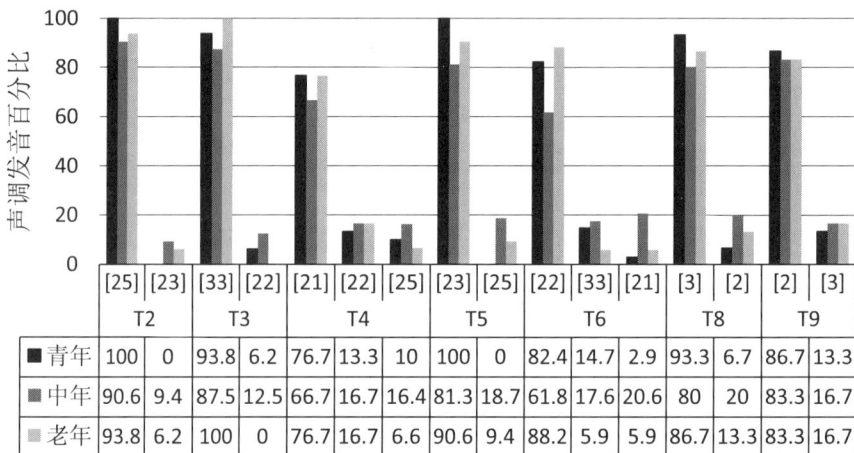

	T2		T3		T4		T5		T6		T8		T9	
	[25]	[23]	[33]	[22]	[21]	[22]	[25]	[23]	[25]	[22]	[33]	[21]	[3]	[2]	[2]	[3]
青年	100	0	93.8	6.2	76.7	13.3	10	100	0	82.4	14.7	2.9	93.3	6.7	86.7	13.3
中年	90.6	9.4	87.5	12.5	66.7	16.7	16.4	81.3	18.7	61.8	17.6	20.6	80	20	83.3	16.7
老年	93.8	6.2	100	0	76.7	16.7	6.6	90.6	9.4	88.2	5.9	5.9	86.7	13.3	83.3	16.7

图 6 香港 T2—T5、T3—T6、T4—T6、T8—T9 在不同年龄分布的百分比

图 6 中的数字代表每个年龄段在 T2—T5、T3—T6、T4—T6 和 T8—T9 字声调发音百分比。由图可知:在 T2—T5 组中年合并变化最快,中年是 28.1%[①],青年是 0,老年是 15.6%。在 T3—T6 组中年人合并变化最快,中年是 30.1%,青年是 20.9%,老年是 5.9%。在 T4—T6 组中年人合并变化最快,中年是 37.3%,青年是 16.2%,老年是 22.6%。在 T8—T9 组中青年人合并变化最快,中年是 36.7%,青年是 20%,老年是 30%。综合四组合并变化速度,中年人合并变化最快,青年人合并变化最慢,即中年>老年>青年。

香港中年声调的合并变化速度快于青年,本文认为香港青年学生有意学习粤语。根据香港中学文凭考试,说话能力占中国语文总分的 14%[②],虽然评分等级没有给出发音的评判标准,但是有些学生为了得到高分,自己上辅导班进行粤语正音。

(二)澳门粤语青年、中年和老年的统计分析

澳门粤语的 T2—T5 在三个年龄段已经完成合并变化,成为一个升调。本部分只对 T3—T6、T4—T6 和 T8—T9 三组声调合并变化在不同年龄段的表现进行分析。

图 7 中的数字代表每个年龄段 T3—T6、T4—T6 和 T8—T9 字声调发音百分比。从图中可以看出,在 T3—T6 组青年人合并变化最快,青年是 30.3%,中年是 15.02%,老年是 27.2%。在 T4—T6 组老年人合并变化最快,青年是 18.8%,中年是 9.48%,老年是 24.7%。在 T8—T9 组青年人合并变化最快,青年是 35.4%,中年是 19.4%,老年是 32.5%。综合三组合并变化

① 28.1%=T2 读成 T5 的 9.4% 加 T5 读成 T2 的 18.7%。下同。

② 香港考试及评核局,网址为 http://www.hkeaa.edu.hk/DocLibrary/HKDSE/Subject_Information/chi_lang/2019hkdse-c-clang.pdf,最后登录日期:2017 年 2 月 27 日。

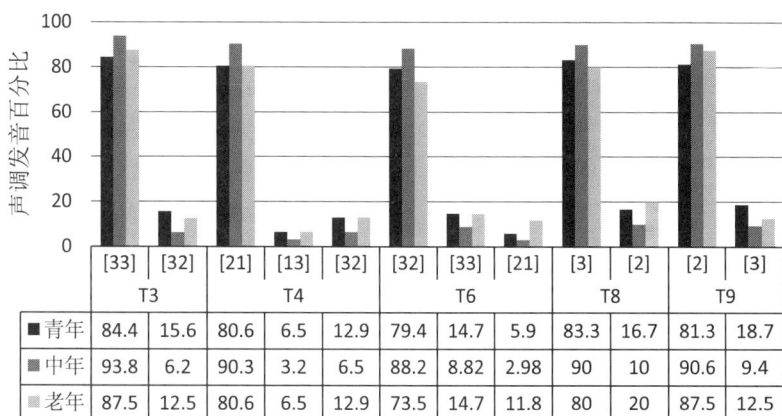

	[33]	[32]	[21]	[13]	[32]	[32]	[33]	[21]	[3]	[2]	[2]	[3]
	\multicolumn{2}{}{T3}		T4			T6			T8		T9	
青年	84.4	15.6	80.6	6.5	12.9	79.4	14.7	5.9	83.3	16.7	81.3	18.7
中年	93.8	6.2	90.3	3.2	6.5	88.2	8.82	2.98	90	10	90.6	9.4
老年	87.5	12.5	80.6	6.5	12.9	73.5	14.7	11.8	80	20	87.5	12.5

图 7　澳门 T3—T6、T4—T6、T8—T9 在不同年龄分布的百分比

速度,青年人合并变化最快,中年人合并变化最慢,即青年＞老年＞中年。

　　澳门中年声调变化慢于老年原因在于澳门中年男性(A5M)没有出现声调合并变化现象,而且还能清楚地区分 9 个声调,所以造成澳门中年整体变化速度慢于老年。录音结束后,作者在和 A5M 聊天的过程中得知他年轻时曾在香港住过一年,而且现在经常往返于港澳两地,作者猜测 A5M 的语音有可能受到香港粤语的影响。澳门中年人的声调变化还需要寻找更多的发音人作进一步研究。

（三）珠海粤语青年、中年和老年的统计分析

　　珠海粤语的 T2—T5、T3—T6 以及 T8—T9 在三个年龄段已经完成合并变化。本部分只分析 T4—T3/6 声调合并变化在不同年龄段的表现。

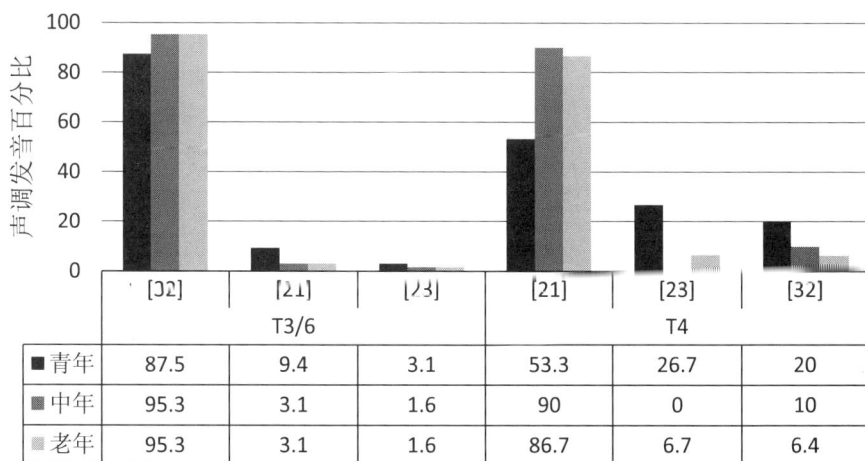

	[32]	[21]	[23]	[21]	[23]	[32]
	T3/6			T4		
青年	87.5	9.4	3.1	53.3	26.7	20
中年	95.3	3.1	1.6	90	0	10
老年	95.3	3.1	1.6	86.7	6.7	6.4

图 8　珠海 T4—T3/6 在不同年龄分布的百分比

　　图 8 中的数字代表每个年龄段 T3/6 字和 T4 字声调发音的百分比。由图可知,T4—T3/6 组青年声调合并变化最快,青年是 29.4％,中年是 13.1％,老年是 9.5％。T4—T3/6 组合并变化速度由快到慢依次是青年＞中年＞老年。

四　结论

从单字调的合并变化看,本文调查分析了香港、澳门、珠海三地粤语单字调的合并变化情况,找出了三地粤语单字调出现的T2—T5、T3—T6、T4—T6(T4—T3/6)以及T8—T9四组声调合并变化。香港四组声调合并变化都在进行中,与已有研究(Bauer,2003;Peng,2006;姚玉敏,2009;Mok & Wong,2010;Fung & Wong,2011;Mok et al.,2013;林建平,2015)基本一致。T2—T5和T3—T6两组声调变化与贝先明、向柠(2016)有些许出入,二人认为这两组声调没有出现合并变化。澳门粤语单字调T2—T5已经合并完成,与已有研究(詹伯慧、张日升,1987;詹伯慧,2002;罗言发,2013;曹志耘,2014)一致,其余三组在合并变化中。贝先明、向柠(2016)认为澳门粤语的T8—T9已经完成合并,这与本文结果不一致。珠海粤语单字调的T2—T5、T3—T6、T8—T9已经完成合并,与已有研究(詹伯慧、张日升,1987;詹伯慧,2002)一致。T4—T3/6还没有完成合并,是进行中的变化。

从声调个数看,香港粤语最多,有九个;澳门粤语次之,有八个,上声不分阴阳;珠海粤语数量最少,仅有六个,上声、去声不分阴阳,入声二分。

在声调数量上,本文的结果与贝先明、向柠(2016)的研究结果有些许出入,本文认为声调在合并变化中不应该认为两者已经变成一个调类,而贝先明、向柠(2016)在计算调类时却把合并变化中的调类当作一个调类计算。例如,本文香港粤语的T8—T9和澳门粤语的T3—T6都是进行中的变化。所以本文得出香港粤语有9个声调,澳门粤语有8个声调。这与贝先明、向柠(2016)的结果香港粤语有8个声调、澳门有6个声调

有出入。

从年龄段看,青年组中,澳门青年合并变化速度最快,香港青年最慢,即澳门＞珠海＞香港;中年组中,香港中年合并变化最快,珠海中年合并变化最慢,也就是说,香港＞澳门＞珠海;老年组中,澳门老年合并变化速度最快,珠海老年合并变化最慢,即澳门＞香港＞珠海。

从区域看,香港、澳门、珠海三地粤语单字调的合并变化方向一致,都出现了相同的四组声调合并变化现象,只是在合并变化的进程中,珠海粤语最快,香港粤语最慢。

本研究(1)首次使用听音转写、判别分析和独立样本T检验三种方法一起判定港、珠、澳三地粤语单字调的合并变化。作者发现判别分析虽然可以用一系列连续的声学数据对声调的合并变化进行预测,但是其结果有时会与听音转写的结果相差甚远。Mok et al.(2013)用判别分析的方法找出香港粤语出现的声调合并变化,但是她在文中同时提到"判别分析的分类是否权威还不清楚"。当判别分析和听音结果不同时,作者用独立样本T检验方法对出现的声调合并变化进行分析,以证明判别分析和听音结果哪个更准确。具体分析中,作者发现听音转写的结果与独立样本T检验的结果一致,这时作者会选择听音转写和独立样本T检验的结果。(2)以实证的调查数据,从社会语音学的角度对汉语声调变异展开了描述,补充了粤语声调变异的个案研究。本研究亦存在不足,社会因素只局限于年龄和区域,部分结果与前人研究不一致可能是因为本研究样本量偏少,缺乏代表性,但是也有可能是声调变异情况的真实存在。所以今后的研究要采用更大、更具代表性的样本进一步探究,查看其他社会因素对声调变异的影响以及验证造成结果不一致的真实原因。

参考文献

Bauer R S, Benedict, P K. 1997. *Modern Cantonese phonology*. Berlin: Mouton de Gruyter.

Bauer R S, Cheung K H, Cheung P. 2003. Variation and merger of the rising tones. in Hong Kong Cantonese. *Language Variation and Change* 15(2).

Fung R S Y, Wong C S P. 2011. Acoustic Analysis of the New Rising Tone in Hong Kong Cantonese. In Proceedings of 17th International Congress of Phonetic Sciences. Hong Kong: China.

Mok P P K, Wong P W Y. 2010. Production and perception of the rising tones in Hong Kong Cantonese. Phonetics Conference of China (PCC2010). Tianjin: China.

Mok P P K, Zuo D, Wong P W Y. 2013. Production and perception of a sound change in progress: tone merging in Hong Kong Cantonese. *Language Variation and Change* 25(3).

Peng G. 2006. Temporaland and tonal aspects of Chinese syllables: a corpus-based comparative study of Mandarin and Cantonese. *Journal of Chinese Linguistics* 34(1).

Tabachnick B G, Fidell L S. 2013. *Using multivariate statistics* (6th edition). Boston: Allyn and Bacon.

Zhang J W. 2014. A sociophonetic study on tonal variation of the Wuxi and Shanghai Dialects. Netherlands. Graduate School of Linguistics.

贝先明、向柠.2016.穗、港、澳三地粤语单字调的声学比较研究. 南开语言学集刊(1).

曹志耘、王莉宁,邵朝阳.2014.澳门方言文化典藏.澳门:澳门理工学院出版社.

甘于恩、简倩敏.2010.广东方言的分布.学术研究(9).

韩国圣、张捷、黄跃雯、等.2011.天皇泰景区农村社区居民旅游影响感知的差异分析.地理科学(12).

李新魁.1994.广东的方言.广州:广东人民出版社.

梁磊、孟小淋. 2013. 重庆方言单字调的共时变异. *Language and Linguistics* 14(5).

林建平.2001.粤语调值说略.中国中文信息学会.新世纪的现代语音学——第五届全国现代语音学学术会议论文集.中国中文信息学会.

林建平.2015.香港粤语声调的变异.第十七届中国语言与文化国际学术研讨会.澳门:中国.

罗言发.2013.澳门粤语音系的历史变迁及其成因.北京大学博士学位论文.

区靖.2011.穗港粤语舒声调共时变读研究——以上、去的交错为例.暨南大学硕士学位论文.

温慧媛.2001.澳门土生葡人广州话语音研究.暨南大学硕士学位论文.

伍巍.2007.粤语.方言(2).

姚玉敏.2009.香港粤语上声变化初探:语音实验研究. *Language and Linguistics* 10(2).

詹伯慧.2002.广东粤方言概要.广州:暨南大学出版社.

詹伯慧、张日升.1987.珠江三角洲方言调查报告之一:珠江三角洲方言字音对照.广州:新世纪出版社.

詹伯慧、张日升.1990.珠江三角洲方言综述.广州:广东人民出版社.

张凌.2017.粤语声调与降势音高.语言科学(2).

中国社会科学院语言研究所、中国社会科学院民族学与人类学研究所、香港城市大学语言资料研究中心合编.2012.中国语言地图集(第二版)(汉语方言卷).北京:商务印书馆.

朱晓农.2010.语音学.北京:商务印书馆.

珠海市地方志编纂委员会.2001.珠海市志.珠海.

作者简介

张延勇,澳门大学人文学院中国语言文学系语言学专业博士研究生。电子邮箱:zhangyanyong_2013@163.com。

附录

1. 单字调调查字表

调类	调查字
T1（阴平）	加、瓜、波、诗、姑、猪、遮、爹、花、灰、希、靴、他、科、雌、枯
T2（阴上）	把、躲、锁、纸、史、古、暑、写、火、虎、考、楚、此、请、喘、扯
T3（阴去）	霸、播、富、顾、意、恕、注、借、怕、破、库、裤、次、寸、券、气
T4（阳平）	霞、禾、扶、时、船、蛇、斜、麻、罗、鹅、煤、宜、鱼、爷、梨
T5（阳上）	蟹、棒、抱、妇、市、柱、舅、社、马、瓦、我、满、耳、乳、柳、野
T6（阳去）	话、座、互、字、示、树、助、谢、剩、骂、饿、芋、二、异、寓、夜、利
T7（上阴入）	福、色、笔、必、竹、湿、德、恤、黑、曲、僻、七、秃、泣、出、匹
T8（下阴入）	八、卓、百、割、锡、国、喝、霍、劫、擦、踢、客、脱、铁、贴
T9（阳入）	石、绝、碟、术、截、毒、集、学、律、月、捏、略、灭、肉、纳、幕

2. 发音人情况说明表

发音人编号	年龄	性别	学历	职业	区域
A2F	22	女	本科	学生	澳门
A2M	21	男	本科	学生	澳门
A4F	44	女	中学	家庭妇女	澳门
A5M	53	男	硕士	公务员	澳门
A6F	60	女	本科	退休教师	澳门
A6M	66	男	小学	保安	澳门
H2F	24	女	硕士	学生	香港
H2M	25	男	本科	记者	香港
H3F	37	女	中学	商人	香港
H5M	53	男	专科	工程师	香港
H6F	62	女	中学	家庭妇女	香港
H6M	66	男	中学	商人	香港
Z2F	20	女	本科	学生	珠海
Z2M	25	男	高中	护林员	珠海
Z4F	42	女	高中	家庭妇女	珠海
Z5M	51	男	中学	务农	珠海
Z6F	64	女	小学	退休工人	珠海
Z6M	66	男	小学	退休工人	珠海

A Sociophonetic Study on Cantonese Citation Tones in the Hong Kong, Zhuhai and Macao Varieties: On the Effect of Discriminant Analysis on the Studies of Tonal Variation

Zhang Yanyong

University of Macau

Abstract: In this paper, a survey of 18 Cantonese native speakers in three places in Hong Kong, Macao and Zhuhai was conducted to explore and compare the variations of Cantonese Citation Tones. Through the statistical analysis of voice data by synthetically using the author's transcription, discriminant analysis and Independent Sample T test, changes of Cantonese Citation Tones are found in all four pairs in Hong Kong, Zhuhai, and Macao, namely "high-rising and low-rising (T2—T5)", "mid-level and low-level (T3—T6)", "low-falling and low-level [to T4—T6 (T4—T3/6)]" and "mid-stopped and low-stopped (T8—T9)". The findings suggest that tone changes of mid-aged people are fastest in Hong Kong Cantonese, whereas the most rapid change of tones is with youngsters in Zhuhai and Macao Cantonese. By contrasting changes of Cantonese Citation Tones among three regions, it is found that the speed of Zhuhai Contonese is the fastest and that of Hong Kong Contonese is the slowest.

Key words: Hong Kong Cantonese; Macao Cantonese; Zhuhai Cantonese; citation tones; merge and change

言语社区视角下的通语化过程
——以包头昆都仑区言语社区为例[*]

徐晓晖[1,2]

[1]南京大学;[2]南京中医药大学

提　要:通语化理论研究方言接触形成新方言变体的现象,目前的移民型通语化研究主要关注通语的代际发展。包头语言调查发现移民社区昆都仑区正处在通语化进程中,方言混杂、拉平,移民逐渐产生本地认同,产生新方言变体"昆区话"。以言语社区理论考察昆区通语化现象,发现职业和代际因素共同作用于方言变体的选用,昆区居民逐渐形成较为一致的言语行为规范,从言语分裂的移民社区发展为内部一致性较强的言语社区。

关键词:方言接触;言语社区;通语;通语化

一　方言接触理论:通语及通语化

通语化是用来解释方言接触现象的一种理论。4世纪至6世纪,在希腊各方言之间通行一种"koiné"(意为"普通")语,产生koiné的过程被语言学家称为"koineization",两者曾分别被音译为"柯因内语"及"柯因内化"(徐大明,2006),本文依照徐大明先生的意见将之意译为"通语"及"通语化"。言语适应理论认为,在一个言语社区内部,不同方言的讲话人频繁接触会导致一种新的通语的出现,以满足交际需求。方言接触及其带来的通语化,是导致语言变化的主要外部因素之一。

已被确认的通语可分为两大基本类型:地区型通语和移民型通语。前者是一种新方言变体,不取代原有方言,例如古希腊时期的通用语;后者是移民聚居地的新方言,它将取代移民原有方言而成为该社区的通用语。游汝杰(2004b)将方言接触的原因分为两大类:一是移民因素;二是非移民的社会文化原因,这与移民型、地区型通语的划分标准相似。

移民型通语化目前研究较为深入。Trudgill(1986)认为移民型通语化是方言接触的特例,最容易发生于不同地方的移民迁徙至同一地区时。它包括几个明显但又有所重叠的阶段,发生的前提是新聚居地第一代移民有语言适应行为。通语和洋泾浜的一大区别是有无认同感,后者完全是社会分隔和不充分交流的结果。通语化的特点之一是重新分配,即原来的语言形式会存留于新变体中,但作用发生了改变,否则通语化就会延缓甚至停滞。

Trudgill(1998)和Trudgill et al.(2000a,2000b)归纳了新方言产生的三个阶段,并且认为这三个阶段大致与最早的三代移民相对应,其基本模式如表1。

---

　* 本文系国家社会科学基金(03BYY008)阶段性成果。得到导师徐大明先生的悉心指导,并承蒙《中国语言战略》匿名审稿专家的宝贵修改意见,在此一并致谢。文中舛误概由作者本人负责。

表1 移民型通语化的三个阶段

阶段	说话人	语言特征
第一阶段	成人移民	初步的拉平
第二阶段	第一代母语说话人	极度多样性，进一步拉平
第三阶段	随后的几代人	定型、拉平、重新分配

Kerswill(2002)证明了通语化过程与正常语言传承的差别在于连续性不同。通语化的连续性处于皮钦语/克里奥尔语与方言之间，前者的语言传承是完全中断的，后者的传承是连续的。因此连续性存在与否，标志着一种语言变异现象究竟是通语化还是正常的地区变体，其最后结果也许是相同的，但其间的发生机制可能大相径庭。这证实了语言接触与方言接触的差异如游汝杰(2004b)所说"大同小异"①，即语言系统之间接触与方言系统之间接触的差异表现为系统同质性的差异，系统间同质性越强，传承连续性越强。而异源语言分支系统之间如有语言接触，如皮钦语，传承机制则没有连续性。

目前国内的方言接触研究一般限于现代各地方言之间的影响，如游汝杰(2004a)对上海方言变化的研究等。对于方言在标准语普通话影响之下的变化，常见的说法是"方言向普通话靠拢"。本文主张现代汉语方言和普通话之间的接触也可视为方言接触研究，产生的新城市方言应该视为通语的一种。因为第一，正如郭骏(2005，2006)的南京溧水县城"街上话"个案研究所证明，方言的确受到普通话很大影响，但它的接触调整受到方言内部语音系统的制约，在本语音系统内部进行；第二，新城市方言不是方言的内部演变。通常一个特定地区的多个方言变体是一个"连续统"(桥本万太郎，1985)，方言拉平使得各方言变体同质性增

强，方言变体减少。而标准语虽然一般基于某一地区方言，但是大都经过规范化，与任何一种方言变体都有区别，所以方言变体与标准语的接触可以视为"异质系统"(李开，2005)之间的接触。新城市方言的产生并不意味着城市原有方言的消失，所以应被视为新方言变体的产生，而且应独立于两大通语类型之外，本文称之为"城市通语"。

二 言语社区理论与语言接触研究

言语社区的概念出现很早，但一直存在争议。布龙菲尔德(1980)将其定义为"依靠言语相互交往的一群人"，Gumperz(1968，1997)提出互动交流的密度及一套社区成员共同遵守的交际规范，Labov(1972)认为言语社区的同一性体现为社区成员言语行为的有序性及对语言变异现象的共同评价机制，并运用抽样调查和定量分析来进行言语社区的实验性研究，徐大明(1999)将这一原则与方法成功地运用于新加坡言语社区的宏观研究中，并在结合前人研究成果的基础上，提出系统的言语社区理论(徐大明，2004；Xu，2006)，以"社区第一性，语言第二性"原则解决长久以来言语社区循环论证的问题，并提出言语社区理论研究语言内部的差异性和同一性的对立统一关系，确定言语社区的同一性的实证基础及其与差异特征之间的定量关系。"言语社区"不只是一个心理现实，而是可观察、可度量的实体，具有人口、地域、互动、认同和设施五大要素。

在言语社区五要素中，地域在方言研究中一直占有重要地位，可分为地理条件和行政区划。人口可以是社会宏观角度的不同群体的比例、结构、分布、流动性，也可以是

---

① 目前方言接触研究被纳入语言接触研究(游汝杰，2004；赵日新，2004；梁燕冰，2004)，因为方言与语言的语言学划分标准本身就较模糊，本文所讨论的语言接触也包含方言接触。

个人微观角度的自然属性和社会属性,即年龄、性别和民族、籍贯、职业、家庭、教育、经济等。"人口迁移是方言形成的最直接最重要的原因"(游汝杰、邹嘉彦,2004)。言语社区的设施指共同拥有的语言符号系统和共同遵守的语言规范,后者包括不同语域、语体对语言变体选用的规范和相同的语言态度等,是形成言语社区的组织结构形式,被拉波夫视为言语社区最主要的特征之一。言语社区的互动主要是言语互动。言语社区的认同是用语言对"'自我'或'他者'进行界定"(徐大明,2006),它"产生于'互动'而体现于'设施'"(葛燕红,2007)。

言语社区理论为语言学的发展提供了一条新途径,即结合语言使用者组织系统的语言研究。语言的自然存现单位即是言语社区。任何脱离人与社会的语言研究都难以避免片面性。语言作为一个具有一定同一性和稳定性的符号系统,既是人类言语交际活动的一种抽象,也是人类社会中群体结构的标记和区别特征,因此具有"联合"或"分裂"社会群体的功能(陈松岑,1999;徐大明等,1997;徐大明,2004)。只有把语言现象置于言语社区中来考察,才能将语言、人和社会整合在一起,达到对语言系统全面的认识,从而触及语言本质和语言变异变化的基本规律。

目前已经有一些以言语社区理论为指导的语言接触研究,如龙玫(2007)发现了居民外出打工经验也即语言接触经历能够显著影响语言选用;葛燕红(2007)的南京语言调查中发现语言使用者的性别、年龄、学历、阶层、使用场合都影响语言变体选用;王玲、徐大明(2009)通过语言态度和语言变体选用证明言语社区的内部一致性。

而通语化研究尤其是移民型通语研究虽然也关注其他社会因素,但大多聚焦于语言使用者代际差异,如 Howell(2006)对荷兰新城市通语的研究涉及语言使用者的籍贯、个人经验等,其结论为第二代移民在通语形成中起重要作用;孙德平(2012)聚焦语音变异,研究江汉油田话形成过程中三代移民经历的拉平与重新分配等三个阶段,证实其为柯因内语;杨文波(2013)则以江西上饶铁路话调查研究证实其柯因内化在两代移民间即已完成,并探讨了其成因和语言接触的基本框架:词汇>语法>语音。陆昕昳(2014)以社会网络调查法和问路调查法对武汉市青山言语社区的"弯管子话"进行了语音、词汇调查研究,认为"弯管子话"是"地区型柯因内语",在三代移民中完成柯因内化,在第四代移民中趋于消亡。那么,是否有其他社会因素也与通语化相关?社会因素在社区中以什么样的模式影响通语化进程?本文尝试以言语社区理论及方法丰富发展通语化研究,从言语社区五要素,即人口、地域、互动、认同、设施五个角度,对包头昆区宏观语言使用进行全面系统的调查研究。

三 言语社区理论视角下的包头语言调查

包头语言调查始于徐大明1987年进行的包头昆区鼻韵尾变异田野调查(Xu,1992),迄今为止包头城区语言田野调查已进行了四次,采集了大量语料,形成了真实时间再调查系列口语语料库,并陆续产生了一批有影响的研究成果。

本文的研究基于2006年6月南京大学社会语言学实验室的包头回访语言调查。调查于6月12日至20日在包头市新城区即昆都仑区(以下简称"昆区")和青山区,由南京大学徐大明教授带领五位研究生完成,笔者为其中之一。本次调查研究以言语社区理论为指导,综合运用多种调查方法,如问卷调查、入户录音访谈、问路调查、电话调查等。调查内容包括家庭语言使用情况、调查拒绝率、配对语装实验等,调查样本抽取使用随机抽样法,问路调查仍采取了地图抽样法。

2006 年的包头语言田野调查可分为前期准备、调查和后期研究三个阶段。前期准备重点为包头城区的人口、地域、设施和互动的资料调查。

(一)地域

包头市城区在 1954 年之前只有东河镇,1954 年包头钢铁厂在离东河区 14 公里的昆都仑河旁兴建,1956 年这一区域划为包头市昆区,随后大批工业的蓬勃发展使其不断扩大,又将其东北区域独立为青山区,昆区与青山区被称为新城区,与老城区东河区相对隔离。20 世纪 90 年代初包头城市化建设发展加速,原新老城区间的郊区发展迅猛,1999 年在东河区西侧成立九原区,新老城区呈延伸融合趋势。

(二)人口

包头市新城区是典型的工业移民区。解放前东河镇只有 7.9 万人口,而 2004 年包头市总人口为 204.31 万人,其中昆区为44.99万人。这期间包头市新城区经历了两次大发展,伴随两次大规模移民。第一次是从 1954 年到 80 年代初,包钢等企业从全国各地如东北、天津、北京、山西等地以及内蒙古自治区本地抽调来大批干部、工程技术人员和工人,引发了新城区短时期内大规模的移民,并形成干部和工人两个社会阶层。第二次是改革开放后,城市化建设引起的移民潮。这次移民潮较为缓慢但规模更大,涉及整个包头市区,以内蒙古自治区内农村人口大规模迁移至城区为主,这使得新城区人口的社会阶层复杂化。

从人口分布来看,第一次移民大都为干部、工人及其家属,集中于新城区,昆区成为包头的核心。"行政上它是个区,但是它的人口构成、经济特点等等都与旧包头十分不同,地理上也与其他市区分割开来,完全像是个独立的城市。"(徐大明,1997)昆区移民分属军工企业系统、市政系统和包钢系统三块,这三个系统各自设有学校、医院等附属机构,其招生就业一般也都局限于系统自身内部,各自相对独立,系统间工作、户籍调动很困难。老城区发展缓慢。改革开放后人口户籍管理逐渐开始宽松,包头市人口流动性加强,后随城市化建设形成第二次移民潮,昆区人口分布由相对独立走向混杂、融合。

(三)设施

包头市本地方言是东河方言,又叫"东河话"、"此地话"或"老包头话",现在盛行于包头老城区,是"以山西、陕西汉语方言为基础,融合、吸收其他地区汉语方言及蒙语、满语等少数民族语言而形成的独具地区特色的汉语小方言"(李剑冲、郭丽君,1998)。

包头市新城区语言情况复杂,其移民来自全国各地,也带来各地的方言,但各种方言变体的地位不一样。20 世纪 50 年代至80 年代,昆区通行东北话,青山区通行带天津、北京口音的普通话,东北话是压倒多数的通行语并享有很高的社会威信(Xu,1992),老包头方言受到歧视,被称为"二娃子话",在新城区说"二娃子话"的人受到嘲笑和鄙视,"二娃子话"甚至被当作一个詈词来侮辱别人。

(四)互动

移民造成了传统的基于职业的社区和紧密社会网络分裂(Watt,2006),而城市化发展中一系列的社会变革使得新城区成员交际密度增加。20 世纪 90 年代,国家政策做出重大调整,军工企业转为民用企业,企业附属医院、学校等脱离企业"社会化",如学校招生按地理位置就近入学,这些调整打破了原有系统的限制,居民互动增强。

从社会阶层来看,近年来,"一部分企业迁出市区,布局于城郊,一方面市区为农民提供了季节性就业机会和重要的农产品市场,密切了城市与农村的接触和联系;另一方面,农村越来越多地为城市提供投资机会,吸引城市的大企业开办分公司、设立厂房"(郭永昌等,2004)。新城区干部、工人与农民的互动增强。

从经济形式来看,在改革开放前,新城区多为国有经济,私营经济多为小手工业者且为数很少,1955年包头市手工业者只有1040户2246人,大多为修车补胎、缝纫加工等行业①。现在包头市昆区私营经济各行各业蓬勃发展,其主体既有第二次移民中的内蒙古自治区内移民,也有第一次移民中来自全国各地的干部、工人和包头本地原居民。这也使得新城区居民互动增强。

四 包头新城区通语化

2006年的调查研究发现,包头市新城区语言正在经历通语化进程,其通语化的显著特征有以下四个方面。

(一)历史背景:高度混杂的语言接触与方言接触

人口构成的高度混杂是通语化必要的发生背景,尤其是对于移民型通语化来说,只有大规模移民先使得传统言语社区群体的紧密社会网络分裂、交流中断,然后社区群体再整合、方言接触融合才能产生新方言变体通语(Watt,2006)。包头新城区先后经历两次移民潮,必然带来高度复杂的语言、方言混杂。2006年昆区录音访谈中33位受访人分别来自山西、山东、河北、辽宁、江苏、四川、河北、湖北、内蒙古等9个省份,学生调查问卷中昆区1014位居民和青山区1067位居民共来自全国22个省、市、自治区,昆区262位学生中有25位掌握两种以上方言,有2位学生掌握5种方言;青山区255位学生中,有52位学生掌握2种以上方言,有5位学生掌握的方言达到7种。

(二)言语适应中的方言变体:有威信的方言变体与受歧视的方言变体

2006年的包头田野调查发现,东河话的蔑称"二娃子话"基本消失。新城区居民不再称"东河话"为"二娃子话"而改称较为中性的"此地话","二娃子话"只是在讲起以往的事时偶尔被提及。但是,对东河话的歧视并未完全消失。很多昆区人称自己讲的是"当地话",当被追问"当地话是否就是此地话"时,他们立即断然否认,强调"此地话"是东河区人说的老包头"土话",自己讲的是昆区话,两者截然不同。这说明他们对两者语言态度上泾渭分明的区别仍然存在,但对立已经缓解,尤其是东河话的别名"此地话"和昆区话的别名"当地话"单纯从语义上来看没有区别,表示了新城区居民对自己与东河区居民同属包头这片土地的认同。这一现象基本符合通语化理论的一个观点:"在柯因内化中,说话人必须要抛弃他们原先的社会类别,互示认同。"(徐大明,2006)

此外,新城区人对普通话和东北话的认同度都很高,但普通话的地位已经超过东北话。调查中大多受访者自称的普通话带有各种各样口音,很多来自东北的昆区人说自己讲的就是普通话,经调查人提醒后承认带东北口音,不是标准的普通话语音。有两位昆区的中年妇女,一个带山西口音,一个带西南官话口音,两人口音有明显差别,但是都说自己说的是"带东北味儿的普通话",这说明东北话在新城区仍是"有威信"方言变体。

(三)通语:昆区话与方言混合、拉平

2006年调查中发现了新城区的新方言变体,它使用范围较为广泛,是较为典型的通语。它的语音接近普通话,但又带有较为

---

① 参看《包头二轻工业志 1746—1986》。

浓重的东北口音和老包头方言的部分特征，表现出方言特征的混杂和弱化，即"方言拉平"。调查中大多数昆区人觉得这就是普通话，也有部分受访者对这一新方言感觉较为敏锐，但他们对这一语言变体的称呼各种各样，有包头市方言、包头话、昆区话、昆区普通话、当地话、普通话带东北味等，在书面形式上还有"东北话（昆区话）"、"普通话（昆区话）"等，不过他们对其语音特点描述是基本一致的，即"带东北口音的普通话"。它已成为昆区居民后代传承的母语，而"以通语为母语的新一代人的形成，标志着通语化的形成"（徐大明，2006）。

本文采用"昆区话"这一名称。昆区话方言拉平的特征之一是东北方言口音的弱化。东北方言与普通话主要区别在于，北京话与[p]、[p']、[m]、[f]相拼的[o]韵，东北官话除了站话以外，都读[ɣ]韵，和"歌"[_kɣ]"河"[_xɣ]的韵母相同，如"玻饽播钵波波拨"[_pɣ]（中国语言地图集 018B1）；此外，东北方言中辅音声母[ɻ]常常被发为[l]或脱落，如将"扔"发为[lən]，"人"辅音脱落，主元音也发生改变发为[in]。但是，本次调查中未听到这种[o]韵字被发为[ɣ]韵和[ɻ]发为[l]或脱落的例子。调查中"昆区话"中东北方言口音更多体现在声调上，但其与标准的东北方言口音相比，明显频率低而且与其他方言音区别度减弱。

昆区话方言拉平的另一特征是东河方言口音的弱化。东河方言的语音系统的声、韵、调与普通话差别都较大（沈文玉，2000），新城区居民似乎将元音鼻化作为东河方言的一个标志特征之一，常常对之做出负面的评价，如一位父亲籍贯是上海的男性高中生自称只说普通话并笑话他老师的东河口音：将"蠢蠢欲动"发为[tʂōŋ²¹⁵ tʂōŋ²¹³ ü⁵² tōŋ⁵²]，但昆区居民语言中普遍带有弱化的元音鼻化。已有研究显示，元音鼻化在昆区相当普遍并呈发展态势（参见 Xu，1992；祝晓宏，2005；吴翠芹，2006；刘英，2007）。

（四）重新分配：降升调变调

调查中东河方言显示了一个明显的语音特征：一个特别的句调，本文暂将之称为"降升调"。这个"降升调"总是体现为某一单个字的变调，本文以符号"√"附在变调单字后来标注。它在听觉上和普通话的上声有很大的相似性，不同之处是它升调的调值极高，因而显得调值跨度极大。如果用五度标调法将"降升调"字音最高的调值标为5，那么东河方言其他的声调都只能在1—3之间；如果将其他的声调照常标为五度，那么"降升调"字音的最高调值至少可标到7。它在老包头方言中出现频率很高，通常出现在句尾，句尾任何声调的一个字都可以被变成降升调，一般用来表示疑问，如"三块五√"表示询问价格是否的确是三块五。它还可使句式简化，如"是"变为降升调"是√"就表示疑问"是不是"。

有意思的是，虽然包头市人对于东河方言的元音鼻化特征非常敏感，对降升调这一明显的语音特征却非常不敏感。调查中一位中学女教师表示，她知道自己这个语音特点是在去北京进修时，一位北京同学问她是不是包头的，她觉得很惊奇，因为她一直自认为普通话很好没有方言口音，同学指出她的降升调并告诉她，凡是包头来的人讲话就会带有这个独特的调。因此，这一变调可以作为辨认包头人的标志。据一位呼和浩特籍的受访者说，这个降升调在山西和内蒙古的很多地区都有，在呼市也很普遍，但是都与包头的明显不同，升的调值明显没有包头市那么高，而她与同伴一起去包头市玩的时候，她们的降升调调值立刻就跟着包头人高了起来。有研究表明这一句尾降升调在晋语区普遍存在，如晋语区的河北张家口地区，用来引起对方注意或叫住某人，或对对方的讲述表示怀疑、惊讶,如果怀疑语气强烈甚至可以连续两次降升(杨瑞霞,2005)。

另一受访者认为这个降升调是蒙古族人讲汉语的句调特征,蒙古族老年人汉语说不标准,这个调特别高特别明显,蒙古族的年轻人汉语学得都很好,这种独特的句调特征就比较少见。此说是否成立尚需更多调查证明。

调查新城市方言"昆区话"的录音中同样发现了降升调,其调值不如在东河方言中那么高,但还是明显比上声、正常汉语疑问句的上扬调都要高,如果东河话中的可记为7,这个最多记为6。这表明降升调进入通语"昆区话"时发生了"弱化"。它的句法功能也产生了改变,不仅用于句尾表示疑问、惊奇、不相信等,也用于一句话当中停顿,即功能上发生了的"重新定型"。现抽取2006年的录音材料中部分样本示例如下:

表2　降升调样本示例说话人社会背景信息

例子	性别	年龄	籍贯	职业	学历	民族	家庭住地	录音编号
1	女	40多	包头	教师	本科	汉	青山区	V028
2	女	44	山西太原	保姆	高中	汉	昆区	1502
3	男	66	陕西	教师	大学	汉	昆区	1505、1507
4	女	40多	包头	干部	大学	汉	昆区	V003
5	男	94	山西太原	会计	初中	汉	昆区	1501
6	女	30—40	包头	教师	本科	汉	青山区	V026

录音样本中降升调示例:́

示例一:

填我的名字√? 那名字往哪填呢?(表疑问)

你们是,学什么专业的√?(表疑问)

示例二:

我家√? 山西。(表重复对方问题)

还读这个√?(表疑问)

示例三:

(接电话)唉,郭杰,对,对,说话纯不纯正的? 咱们推荐的√?(表疑问)

嗯那个就是我们还有一个√,那个语言调查。(表停顿)

示例四:

七几年的时候√,可招讹干[tʂu ə kan]①那一阵。(表停顿)

噢,是啊,那都是√,皇族。(表停顿)

但是相比于录音总量,降升调的例子很少。原因可能是录音访谈中被访者都没有处于自然放松状态,也就是可能与语体有关。例如示例一的青山区包头籍贯中学女教师,两个降升调的例子都出现在录音访谈的前两分半钟之内她填写调查表时的交谈,其间也伴随部分方言语音,如鼻韵尾脱落及

---

① 此处三个字只以同音汉字记音并以国际音标记音,词义不明。

元音鼻化的:方言[iã],不纯[tʂʻə]。然后她表示东河方言太土,这时又有其他老师以山西话为我们朗读词表,这以后 24 分钟的录音中她的语音就较为标准,降升调、鼻韵尾脱落及元音鼻化等方言口音没有再出现。

五 通语化中的言语社区规范及形成模式

通语化形成过程中,言语社区是否形成一致的行为规范?如何形成?下文以昆区言语社区的宏观方言变体选用来考察其言语行为规范。

本研究所采用材料来自 2006 年包头新城区田野调查中的昆区家庭访谈问卷。昆区家庭访谈采用地图抽样法,一共调查了 33 户家庭 140 人的语言使用状况,并作了录音。每一份家庭访谈问卷都是详细询问的结果,在信度、效度上都得到了保证。

调查以不同语域下的方言变体选用考察言语行为规范。语域分为家庭域、工作学习域和公共场所域,问卷中体现为家庭用语、工作学习用语与陌生人的用语。本文的假设是,三个语域的公众接触面是递增的,语言选用也会由随意逐渐变为谨慎,低位变体使用比例会递减,高位变体使用比例会递增,或形成家庭域与其余两个语域的二元对立。参考昆区文化历史,调查表涉及被调查人的八组社会因素,除了较常使用的社会阶层分类如年龄、性别、职业、文化程度等,又增加了有可能影响方言变体选用的移民代际、籍贯、出生地、来昆区时间等。调查时分类较细、统计时样本量过小影响运算则合并相近因素。初步分类及各组人数如表 3 所示:

表 3　昆区家庭访谈被调查人社会因素

因素组	各类人数	总数
代际	第一代 59 人、第二代 58 人、第三代 23 人	140
性别	男性 74 人,女性 66 人	140
年龄	青少年 13 人、青年 15 人、中年岁 46 人、老年 66 人	140
职业	无业 15 人、农工 48 人、商业 14 人、军政 21 人、知识分子 36 人	134
文化程度	文盲 10 人、小学 22 人、中学 61 人、大学 42 人	135
籍贯	昆/青山 2 人、包头 18 人、内蒙古 13、南方 14、其他 79 人	126
出生地	昆/青山 47 人、包头 10 人、内蒙古 20 人、南方 8 人、其他 47 人	132
来昆区时间	老移民 60 人、新移民 27 人、昆区出生 47 人	134

年龄因素组中青少年为 1—17 岁、青年为 18—34 岁、中年为 35—49 岁、老年为 50 岁以上。职业因素组分类同时参照了经济收入状况,无业人员包括家庭妇女、工厂下岗职工等,农工阶层为工人、司机、职工、农民、牧民等,商业人员为经理、老板、职员、营业员、个体户、自由职业者、会计等,知识分子为学生、科技人员、医生、工程师、教师、教授、律师等,军工阶层是军人、干部等。籍贯指父亲的家乡,区别于出生地,包头指除昆区和青山区的包头市其他区县,内蒙古指除包头市的内蒙古其他地区,南方指吴语、粤语区,因其在调查中表现出较强心理优势单独列出,其他指上述地区以外的地区。出生地因素组分类同籍贯。来昆区时间以 1978 年改革开放为界,老移民一般是包钢建厂前后来的,新移民是一般是 90 年代后来的。

后期数据处理先以 Excel 表格录入调

查表并转化为数据以便统计,以 Goldvarb 统计软件做变项规则分析,探究哪些社会因素对语言选用具有显著性制约,作用值以 0.5 为界,高于 0.5 是有利于选用,低于 0.5 则是不利于选用。Goldvarb 软件的变项规则分析显示,所有八项社会因素中,只有职业和代际因素对双言/多言有显著性制约,显著性水平为 0.018(<0.05)。代际因素中第一代、第二代有利于双/多言使用,第三代则不利于,其作用值分别为 0.557、0.582 和 0.203,这符合通语化的三阶段的基本特征:从初步拉平到极度的多样化到定型。此外,职业因素也表现出对双言/多言选用的显著性制约,依作用值从大到小排列为:干部 0.712,知识分子 0.641,商业 0.587,无业 0.516,农工 0.266,只有农工阶层不利于双语使用,其作用值与最高的干部作用值相差 0.446。

调查表显示昆区居民使用的方言变体主要有普通话、东北话、东河话、昆区话,另有少量其他内蒙古方言及其他地区汉语方言等。昆区家庭域使用语言一般为单语,家庭使用双语的仅有 4 例,且都区分说话对象,一般与年轻一辈使用普通话,与老一辈使用方言。图 1 所示为三代移民对四种主要方言变体普通话、东河话、昆区话、东北话的选用频率。

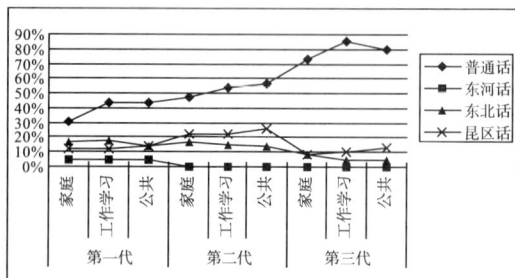

图 1　三代移民对普通话、东河话、昆区话、东北话的选用频率曲线

图 1 显示:

(1)普通话的选用率高高在上,随代际呈上扬趋势,并表现出家庭域与工作学习域、公共域的二元对立。第三代在公共域的普通话选用率略低于工作学习域,这是由于公共域昆区话的选用率上升造成的。

(2)虽然东河话、东北话、昆区话三种方言变体的选用率都远远低于普通话,但三者有明显区别。东河话只在第一代有少量选用,从第二代起就消失了。东北话的选用率则随代际、语域表现出一致性的衰落趋势,在第三代的三个语域中选用率分别为 8%、5%、5%。昆区话在第一代中的选用率处于东北话和东河话之间,在第二代中开始领先,在第三代中因普通话选用率高而降低,但其选用率随语域上扬趋势在三代中一致。

普通话作为强势方言变体进入昆区言语社区的轨迹是本研究关注的重点。以 Goldvarb 检验所有八组社会因素,只有职业因素和代际因素被选中,前者在家庭域和学习工作域对普通话选用有显著性制约,后者只在家庭域对普通话选用有显著性制约,这说明只有职业和代际因素在家庭域、学习工作域制约着普通话的扩散。

公共域没有因素制约普通话的选用,那么昆区公共场所域的普通话使用率到底如何?统计各方言变体在公共域的使用率,与其他方言变体相比,普通话的使用率相当高(见表 4)。

因此,我们得出结论,虽然没有因素可以制约普通话在公共域的选用,但普通话在公共域的选用比例相当高。

结合代际和职业因素来考察普通话在各个语域的选用率,我们发现昆区言语社区已形成基本一致的言语行为规范。

表4　昆区三代移民与陌生人使用语言总表（人数及比率）

语言 被访者	双/多语者		单语者（人数及比率）										
			普通话		东河话		东北话		昆区话		其他内蒙古 方言		其他汉语 方言	
第一代 47 人	2	4%	22	44%	3	6%	7	14%	7	14%	4	8%	4	8%
第二代 57 人	0	0%	24	57%	0	0%	6	14%	11	26%	1	2%	0	0%
第三代 26 人	0	0%	12	80%	0	0%	1	6%	2	13%	0	0%	0	0%

表5　三代移民不同职业的普通话选用率（%）

三代移民	语域	知识分子	商业	军干	无业	农工
第一代	家庭域	70	57.2	20	11.1	8.7
	学习工作域	100	71.4	62.5	11.1	13
	公共域	80	71.4	75	11.1	17.4
第二代	家庭域	66.7	42.3	58.3	0	33.3
	学习工作域	66.7	57.1	83.3	33.3	33.3
	公共域	66.7	57.1	83.3	33.3	33.3
第三代	家庭域	66.7	/	100	100	100
	学习工作域	80	/	100	100	100
	公共域	80	/	100	100	100

表5中三代移民样本总量分别为47人、57人、19人，第三代移民样本量较小，其中没有商业人员，以"/"表示数值缺失。数据显示，第一代移民的普通话选用率和语域、职业因素显示出强烈的正相关，不同职业的普通话选用率显示出极大差距，在三个语域的极差分别为70%—8.7%、100%—13%、80%—11.1%。第二代移民对于普通话的选用率在职业中显示为军干、知识分子、商业人员、农工、无业的高低次序，和第一代移民略有不同，且极差范围明显缩小。第二代中无业人员只有3人，其中一人只在学习工作域和公共域选用普通话，如将这一数据排除，其变异范围只在83.3%—33.3%之间，在语域中显示出的差异也不如第一代移民明显。第三代移民中的普通话选用率最低都超过了60%，极差进一步缩小，变异范围仅为100%—66.7%，且仅在知识分子中显示出语域区分，其他职业100%选用普通话。第三代中知识分子普通话选用率低于其他职业人员，其原因是第三代移民一般年龄较小，以学生为主，有两位学生不分语域均选用东北话，还有两位学生认为自己讲的普通话不标准，带有东北方言口音，因此不分语域均填写选用"包头话"，另有一位学生在家庭域使用内蒙古巴彦淖尔方言，在其他语域均选用普通话。因此总体来看，三代移民的普通话选用率随不同职业、不同语域变化，但还是显示出较为一致的言语行为规范。

表6为代际和职业因素对选用普通话的作用值，从中可明显观察到昆区言语社区一致的言语行为规范。

表6　制约普通话选用的职业、三代移民因素组及其作用值

语域 显著性制约因素		家庭域 对数相似度：−82.307 显著性水平：0.044	学习工作域 对数相似度：−73.642 显著性水平：0.000
职业	知识分子	0.703	0.785
	商业	0.602	0.565
	军干	0.551	0.654
	无业	0.354	0.367
	农工	0.33	0.234
三代移民	第一代	0.377	
	第二代	0.535	
	第三代	0.709	

从图2和图3中可以清晰地看到普通话在昆区言语社区的社会分布及扩散轨迹。

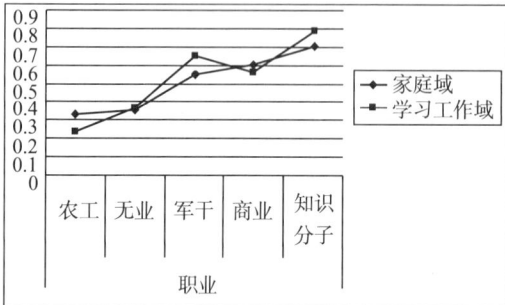

图2　普通话以职业因素为线索在昆区言语社区的社会分布及扩散轨迹

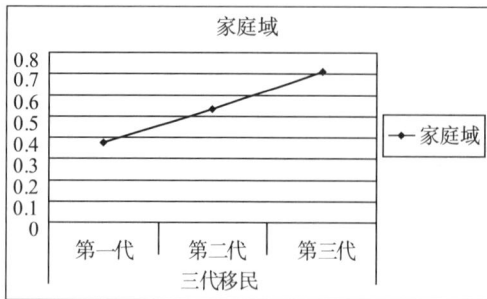

图3　普通话以代际因素为线索在昆区言语社区的社会分布及扩散轨迹

比较职业因素在家庭域和学习工作域的作用值极差可以发现，前者极差为0.349，后者极差为0.551，这说明，与家庭域相比，职业因素对选用普通话的制约在学习工作域中形成的社会层化程度明显更高。代际因素对选用普通话的制约在家庭域的层化更为明显：第一代到第三代分别为0.377、0.535和0.709，层次分明，分值跨度也达到了0.332。

在家庭和工作学习域，职业因素作用值的两条曲线上扬趋势只有在商业和军干两个因素上表现出些微差别，但作用值仍然都是在0.5以上。如果以作用值0.5为界将职业因素组分为有利于普通话的选用和不利于普通话的选用，则职业因素形成两大社会阶层：上层的知识分子、军人干部和商业人员；下层的无业人员和工人、农民。

综上，普通话在昆区的扩散轨迹为：在社会分布上表现出以职业为线索从上到下的渗透模式，并以代际为线索逐步增强，无业人员、工人和农民职业不利于普通话的选用；在语域中表现为从公共场所域到学习工作域再到家庭域的扩散，第一代移民不利于

普通话在家庭域的选用。家庭域成为抵制异质成分最"稳固的堡垒"(王远新,2004),却也是最后的堡垒。

六 结语

已有的包头昆区语言研究已经证实包头昆区言语社区的存在,并且动态追踪式的调查研究显示,昆区言语社区由两大阶层发展为"扁平网状结构"又走向"复杂"层化(参见 Xu,1992;祝晓宏,2005;吴翠芹,2006;刘英,2007)。本文研究显示,以言语社区理论考察移民社区昆区言语社区,在其通语化进程中,职业和代际因素对方言变体选用共同作用,形成较为一致的言语行为规范,移民逐渐产生本地认同感,昆区从分裂的移民社区发展为内部一致性较强的言语社区。

参考文献

Gumperz J J. 1968. The speech community, In, D. L. Sills (ed.) *International Encyvlopedia of the Social Sciences*. London:Macmillan.

Gumperz J J. 1997. On the Interactive Bases of Speech Community Membership, In, Guy G, Feagin C, Schiffrin D, Baught J. (eds.). *Towards a Social Science of Language:Social Interaction and Discourse Structures*. Amsterdam:John Benjamins.

Howell R B. 2006. Immigration and Koineisation:The formation of early modern Dutch urban vernaculars. Transactions of the Philological Society.

Kerswill P E. 2002. Koineization and Accommodation. In, J. K. Chambers, P. Trudgill & N. Schilling-Estes (eds.). *The Handbook of Language Variation and Change*. Oxford:Blackwell.

Labov W. 1972. *Sociolinguistic patterns*. Philadelphia:University of Pennsylvania Press.

Trudgill P. 1986. *Dialects in contact*. Oxford:Blackwell.

Trudgill P. 1998. The chaos before the order:New Zealand English and the second stage of new-dialect formation. In, E. H. Jahr (ed.s.). *Advances in Historical Sociolinguistics*. Berlin:Mouton de Gruyter.

Trudgill P, Gordon E, Lewis G, et al. Determinism in the new-dialect formation and the genesis of New Zealand English. *Journal of Linguistics* 36.

Trudgill P, Gordon E, Lewis G, et al. 2000b. The role of drift in the formation of native speaker Southern Hemisphere English:some New Zealand evidence. *Diachronica* 17/1.

Watt D. 2006. 'I don't speak with a Geordie accent, I speak, like, a Northern accent':Connect-induced leveling in Tyneside vowel system. *Journey of Sociolinguistics*, 1.

Xu D (徐大明). 1992. 'Lexical Diffusion in Progress:A Sociolinguistic Study of Mandarin Nasal Variation'. Unpublished PhD dissertation, University of Ottawa.

Xu D (徐大明). 2006. Nanjing language survey and the theory of speech community., In, Zhou Minglang (ed.). Language Planning and Varieties of (Modern Standard) Chinese. *Special Issue of Journal of Asian Pacific Communication* 16(2).

布龙菲尔德.1980.语言论.袁家骅,等,译.北京:商务印书馆.

曹志耘.2006.汉语方言:一体化还是多样化? 语言教学与研究(1).

陈保亚.1996.论语言接触与语言联盟.北京:语文出版社.

陈松岑.1999.语言变异研究.广州:广东教育出版社.

陈松岑、徐大明、谭慧敏.1999.新加坡华人的语言态度和语言使用情况的研究报告,载李如龙主编.东南亚华人语言研究.北京:北京语言文化大学出版社.

葛燕红.2007.言语社区视角下的城市语言调查.南京大学硕士学位论文.

郭骏.2005.溧水"街上话"[u]元音变异分析.中国社会语言学(1).

郭骏.2006.溧水"街上话"语音变异研究.南京大学博士学位论文.

郭永昌、成舜、张敏.2004.包头市城市地域扩展的动力机制分析与适宜方向评价.内蒙古师范大学学报(2).

胡明扬.1987.普通话和北京话,载胡明扬主编.语言学论文选.北京:中国人民大学出版社.

李开.2005.试论历史语言学研究中的异质语言理论问题,语言科学(4).

李剑冲、郭丽.1998.论内蒙古西部汉语方言词汇的几个特点.内蒙古民族师院学报(2).

刘润清.2002.西方语言学流派(第二版).北京:外语教学与研究出版社.

刘英.2007.包头昆都仑区北方话鼻韵尾变异研究——一个工业移民言语社区的变迁.南京大学博士学位论文.

梁燕冰.2004.粤方言区语言接触的一个现象——"把"字句

的运用.载邹嘉彦、游汝杰主编.语言接触论集.上海：上海教育出版社.

龙玫.2007.合江话变异研究.南京大学硕士学位论文.

陆昕眹.2014.武汉市青山言语社区"弯管子话"研究.复旦大学硕士学位论文.

桥本万太郎.1985.语言地理类型学.余志鸿,译.北京：北京大学出版社.

沈文玉.2000.包头方言与普通话语音的比较研究.阴山学刊(3).

孙德平.2012.柯因内化：江汉油田话的形成.语言研究(4).

王远新.2004.广东博罗、增城畲族语言使用情况调查——保护濒危语言的重要途径.中央民族大学学报(1).

王玲、徐大明.2009.合肥科学岛言语社区调查.语言科学(1).

吴翠芹.2006.包头鼻韵尾变异：言语社区的定量分析.南京大学硕士学位论文.

徐大明.1999.新加坡华社双语调查——变项规则分析法在宏观社会语言学中的应用.当代语言学.(3).

徐大明.2001.北方话鼻韵尾变异研究,载董艳萍、王初明主编.中国的语言学研究与应用——庆祝桂诗春教授七十华诞.上海：上海外语教育出版社.

徐大明.2004.言语社区理论.中国社会语言学(1).

徐大明.2006.语言变异与变化.上海：上海教育出版社.

徐大明、陶红印、谢天蔚.1997.当代社会语言学.北京：中国社会科学出版社.

杨瑞霞.2005.张家口方言区普通话句调的特点.张家口职业技术学院学报(1).

杨文波.2013.江西上饶铁路话调查研究.复旦大学博士学位论文.

游汝杰.2000.汉语方言学导论(修订本).上海：上海教育出版社.

游汝杰.2004a.方言接触和上海话的形成.载邹嘉彦、游汝杰主编.语言接触论集.上海：上海教育出版社.

游汝杰.2004b.汉语方言学教程.上海：上海教育出版社.

赵日新.2004.方言接触和徽语,载邹嘉彦、游汝杰主编.语言接触论集.上海：上海教育出版社.

祝晓宏.2005.包头鼻韵尾变异：15 年后的再调查.南京大学硕士学位论文.

作者简介

徐晓晖,南京大学文学院博士生,南京中医药大学国际教育学院讲师。研究方向为社会语言学、对外汉语教学和认知语言学。电子邮箱：Xiaohui.xu@njucm.edu.cn。

Koineization in Speech Community：A Case of the Kundulun Speech Community in Baotou City

Xu Xiaohui[1,2]

[1] Nanjng University；[2] Nanjing University of Chinese Medicine

Abstract：Koineization theories are concerned with how dialectal contacts create a new dialect koiné and current koineization studies of immigration usually focus on koiné development from one generation to the next. The investigation discussed in the present paper found a process of koineization taking place in the Kundulun migrant community living in Baotou, a city in Inner Mongolia, as a result of dialect mixing/leveling and a growing identification with the adopted residence area. The process led to the forming of a new dialect known as Kunquhua. If this koineization is considered in the light of the speech community theories, we can see two factors (i.e., occupational and generational ones) interacting with each other to form the speech behavior norm. In other words, a rather consistent speech community is formed on the basis of a linguistically fragmented migrant community.

Key words：dialect contact; speech community; koine; koineization

《语言政策:隐意图与新方法》评介

尹小荣[1] 张治国[2]

[1]新疆师范大学;[2]上海海事大学

《语言政策:隐意图与新方法》,艾拉娜·肖哈米著,纽约:劳特里奇出版社,2006 年出版,185 页。IS-BN9780415328654。定价:108 美元(精装本)。

[*Language Policy: Hidden Agendas and New Approaches.* By Elana Shohamy. NewYork: Routledge, 2006. Pp.185. ISBN9780415328654. $108 (Hb).]

《语言政策:隐意图与新方法》是劳特里奇出版社(Routledge)于 2006 年出版的一本学术专著。该书自 2006 年出版以来,在谷歌学术上已经有 1647 次引用,可见本书对语言政策学界的贡献和影响。约翰逊(2016)将该书誉为批评性语言政策研究的代表著作。

一 成书背景

本书作者艾拉娜·肖哈米(Elana Shohamy)是以色列特拉维夫大学教育学院的教授,主要从事语言政策、语言教育和语言测试研究。作者于 1974—1978 年在美国明尼苏达大学教育学院获得博士学位,之后在美国斯坦福大学教育学院从事博士后研究工作,研究第二语言习得与测试。1974 年至 1981 年,她先后在明尼苏达大学、斯坦福大学、加州大学伯克莱分校等地方担任讲师、研究者、合作讲师等职务。1981 年肖哈米正式在以色列特拉维夫大学教育学院任职至今。肖哈米编著有《第二语言研究方法》《测试的力量》《语言政策》和《语言景观》等学术著作近 20 部(Seliger & Shohamy, 1989; Shohamy, 2001; Shohamy, 2006; Shohamy, Ben-Rafael & Barni, 2010),并

在《应用语言学年报》、《当代语言期刊》、《语言政策和语言规划的现实问题》以及《语言问题和语言规划》等期刊上发表文章百余篇。鉴于她对语言测试、语言政策和语言景观的出色研究,国际语言测试学会(ALTE)于 2010 年授予她终身成就奖。

本书通篇用以色列的案例来阐释和论证许多观点,其原因之一是以色列的语言环境十分独特,掌权者将语言与认同紧密地联系起来,使得希伯来语成为以色列的国家象征,并成了巴勒斯坦和以色列犹太人在公共生活领域中所使用的主要语言。为了实现这种同质性的语言意识形态以及希伯来语在社会上的功能规划目标,掌权者实施了排斥和压制其他语言的政策。另外,以色列的政治现实是作者选择这个案例的第二个原因。这是一个"经典"的民族国家,崇尚共同的意识形态、历史、文化、宗教、凝聚力、团结、爱国主义以及对于"重新回到祖国"的犹太人的忠诚。然而,另一方面这里又充满了各种民族的冲突和矛盾。原因之三是这个"经典"的民族国家并不存在于全球化的真空地带,而是也受到了英语的重要影响。这三种现实并存于一个国家,而且相互之间还有摩擦、矛盾和协商,因此,这种复杂的社会

语言状况为语言政策研究提供了绝佳的机会。本书作者出生于纽约,小时候随家人移居到以色列生活。在成长岁月里,她逐渐认识到熟练掌握希伯来语就表明爱国与忠诚,不会希伯来语则意味着无法就业,还会被其他人排斥。以色列的生活潜移默化地影响了作者,促使她后来对该国语言测试和语言政策进行了剖析。当然,她在阐述语言政策的相关理论时也列举了美国、英国和法国等实例,并进行了对比分析。

本书所探讨的"隐性"有两层含义。首先指政治家、语言学家和教育家在公众尚未察觉的情况下,把原本动态、开放和发展的语言概念转变成了封闭、固定、静止的语言系统。其次,"隐性"还指不为公众所关注的影响和维持语言政策的各种政策机制。而这些机制对个人的语言实践和语言权利的作用就被当作了"隐性的意图"。本书所使用的"新方法"是指运用后现代的方法扩展了语言和语言政策的定义,并引入语言主体的概念,关注个人和集体在语言使用、态度、最终政策中的能动作用。"新方法"同时也指将批评理论运用到语言政策的研究中,区别了官方语言政策和事实语言政策,阐明了语言政策的各种隐性机制,并检视了语言意识形态在语言实践中的实现过程。

二 内容介绍

本书由三个部分组成,第一部分(第一至第三章)介绍了扩展的语言观和语言政策观,认为语言之间没有既定的边界,"语言交际"可以使用多模态的表征和不同的形式。当民族国家在语言学家的帮助下,用本族语、标准口音、语言正确性、语法规则和标准拼写等来强化语言使用者的差异和属性时,语言就体现了政府部门与移民、原住民、全球性人士、跨国人士以及其他不同群体之间的斗争。因此,作者提出了一种扩展的语言

政策观,她认为真正的语言政策不应仅限于官方公布的文件,还应包括能够影响和制定事实语言政策的政策工具。第二部分(第四至第七章)揭示了影响语言实践的隐性工具,包括规章制度、语言教育政策、语言测试和公共空间的语言(以及出现在公共空间的意识形态、语言信条、政治宣传和语言压制)。作者运用这种实证数据证明了这些机制是如何影响事实语言政策的,也论证了不同主体在这些领域进行协商、互动的可能性。第三部分(第八和第九章)从与语言相关的民主原则和个人权利两方面探讨了政策机制的结果。这些机制可能与语言政策一道违背民主原则并侵犯个人权利,但也能成为不同语言群体之间相互理解和协商的平台。因此,当我们以更加开放的方式看待语言时,这些机制就为我们进行多重对话提供了场所和方法。最后,结语讨论了语言作为自由商品的独特性,指出了人们可以根据个人自由和民主选择来利用语言资源。

第一章从扩展的语言观着手,提出了语言是个人的、开放的、自由的、动态的、有创造性的,且是不断变化的。因此,语言之间没有既定的界限,"语言交际"可以使用多模态的表征和不同的语言形式。各种形式的语言混合、合并、混杂、融合现象都有助于成功和有效的交际与互动。因此,除去言语之外,像音乐、舞蹈、美术、图像等"非语言"或"非言语"的标记都应该被视为人们的表达手段,都应该被认为是人类互动、交际和建构意义过程中不可或缺、浑然天成的组成部分。而试图管理这种自由、独特的语言行为,就可以被视为对个人行为的干预和操纵。

第二章比较了广义语言观和传统语言观的不同,指出了传统语言观对语言所进行的分类带来了人与人、群体与群体之间的等级划分。当语言被分成"好"与"差"、"正确"

与"不正确"和"标准"与"不标准"等不同的类别时，这些语言的使用者也就随之而被分化了。因为语言能力被用来决定其使用者是否具备成员资格，也用来象征他们的忠诚度和爱国程度。这种情况下语言就被操纵了，成为同质性与多样性、代表性与包容性以及霸权与民主等斗争的工具。

第三章描述了扩展的语言政策观，也就是说，"真正的"或"事实的"语言政策不仅出现在语言政策的文本里，还可以通过各种附加手段或机制来体现。因此，我们不能仅从官方文件来观察、理解和解读真实的事实语言政策，更要从各种机制或政策手段着手。因为这些机制或政策手段会影响、制定和维持现实中的语言政策。无论是显性还是隐性、明确还是模糊的政策机制，它们都伴随着语言意识或语言信仰。因此，我们需要研究的语言政策就应该包括语言政策、语言实践和语言信仰（斯波斯基，2016）。

第四章论证了规章制度是掌权者为了维持官方语言政策，在语言实践中实现意识形态而使用得最为广泛的机制。语言研究院所制定的语言标准，政府部门有关确定国语的地位规划以及将语言能力作为获取公民资格的前提条件的决策，都是掌权者操纵和约束语言实践的重要机制。这些机制由权威机构主导，立法部门保障，且能够对违法者施以各种形式的制裁，故而具有很强的侵略性和强制性。但即使这样，这些政策在实践中的应用和实施情况依然得不到有效的保障。因此，语言实践与语言政策之间尚有一定的距离，而且语言实践有可能公开地挑战、改变、协商和抵制官方的语言政策。

第五章指出语言教育政策体现了语言政策的强制力和操控力。多数时候一个政体的语言教育政策是自上而下颁布的，这样的政策给掌权者提供了一个非常有效的行使权力的机会，因为他们可以通过语言教育来推广各种政治和社会意识形态，而且很少遇到抵制的现象。但有时语言教育政策并不是显性的正式声明，而需要从各种教材、教学实践，尤其是测试体系中推导出来，它是"隐藏"在公众视野背后的。当我们在制定语言教育政策时没有考虑到教师和教育界人士的意见，或者忽略了他们也是政策执行的主体，那么我们所制定和实施的语言教育政策就很难确保公平和民主。

第六章认为语言测试是语言教育政策的一部分，但这是一种应用非常广泛且非常微妙的隐性政策机制，因此作者把它单列一章进行讨论。语言测试的微妙之处在于决策制定者完全意识到并利用了这个机制，可大部分受测试影响的学生、家长乃至整个社会公众却没有意识到它的效果。语言测试的隐性作用表现在它能确定语言的声望和地位，维持语言的标准化和正确性，并能抑制语言的多样性。而且，语言测试控制和操纵人们语言行为的权力是巨大的，因为语言测试影响了人们的语言选择、学习方法和学习内容以及判断语言好坏的标准，而那些受测试影响的人除了遵守决策以及决策所带来的社会后果之外，别无选择。学生使用哪种语言参加测试，往往与社会的民主原则和学生的语言权利有关。

第七章阐明了公共空间语言的性质和特点，认为公共空间的语言能直接或间接地反映社会语言中心化或边缘化的现象。政府、城市、非政府组织、跨国公司以及小型公司都可在公共空间展现自己的权力、控制力和自我表达权。语言景观中使用或不使用某种语言，使用哪些语言内容等都具有象征意义。因此，语言景观也是一种权力的源泉，能够传递出语言规范以及特定语言地位的信息。除此之外，公共空间表现出来的意识形态、政治宣传、语言信条和语言压制等都是能够创造事实语言实践的政策机制，因此,公共空间也是多方参与、协商和策划语言问题的重要场所。

第八章评述了语言政策以及上文提到的各种隐性机制所造成的后果。由于这些决策常常具有自上而下的强制力,而受政策及其机制影响的民众往往只享有部分的代表权和参与权,因此可能会发生违背民主原则和侵犯个人权利的后果。而且在语言政策中,以语言为单位来组织社会秩序,就是把不同语言的使用者或拥有不同语言能力的人分成了不同的社会阶层,造成了群体的权利差别。在语言教育政策或语言测试中确定某种语言的地位,学生就不得不学习这种语言。这样做忽略了语言政策和语言学习的联系,也忽略了教育工作者在政策制定和政策实施过程中的能动作用。因此,我们要谨防这些政策机制或机制组合侵犯个人权利或违背民主原则。

第九章分析了语言政策和语言实践之间复杂而又动态的互动关系,提出了为确保人们的权利得到保护,我们应当长期监控并评估这些语言政策机制的观点。作者还提出了相应的建议,例如遵守包容性的民主原则、保护个人与语言有关的权利、运用扩展的语言观和语言政策观来完善批评意识以及采取恰当的语言行动,等等。

三 理论贡献

本书从后现代主义视角出发,采用主客观相结合的批评话语分析路径,结合以色列、美英等国的语言政策,建构了一个新的语言政策研究框架。其理论贡献有以下几点:

第一,从后现代主义的视角来研究语言政策。本书作者质疑了正统现代语言学所定义的"语言"概念。她认为语言不是一个可限定的拥有固定结构的客体,而是社会交往中自然发生的产物,它是一种动态的、变

化的多模态符号系统。在这个更广阔的符号系统中,主观的社会行为和客观的符号之间并没有明确的界限,因此除了言语之外,其他形式的意义表现手法(如音乐、舞蹈、服装)都可以被看作语言。相应的后现代主义的语言政策也反对在语言与民族、领土、出生地或国家等身份之间建立内在联系。作者提出统治阶级运用各种政策机制及机制组合来区别语言和身份,目的就是划分不同的权力阶层并维持现有的社会权力结构。因此,作者相信同质性的语言仅存在于想象之中,基于这种想象就给语言使用者贴上身份和社会地位的标签,损害了社会的公平和正义。

第二,从批评话语的路径来分析语言政策。在批评性语言政策的研究中,社会是一个充满权力的领域,个体的权力(和权力差异)是产生语言形式和语言差异的生成性原则。每个个体都在这个权力系统之中,但拥有权势的一部分人往往占据上风,这些人所提出的语言信仰和语言形式就会主导整个语言系统。在语言法规、语言教育、语言测试以及公共空间的领域,政府部门和大财团比普通大众更容易接触并拥有权力,因此他们为了保持自身的优越性就会利用这些机制来实现自己的语言意识形态,提升自己语言的地位。而且他们能够有意或无意地垄断语言政策,使得普通大众除了遵守之外,不具备反思和抵制的能力。作者深入批评了政策制定者的这些隐性意图,并指出,同样拥有权力的弱势群体既可以贯彻自上而下的语言政策,也可以制定自己的一些语言规划,然后通过滚雪球的方式逐渐上升到社会或政府的层面。也就是说,事实语言政策的实践主体也应该发挥自身的能动性,洞悉这些政策意图并积极采取语言行动。这样一来,自上而下的语言政策对语言实践的影响力就是有限的,而自下而上的语言实践也

可以对语言政策起到推动作用。

第三,以主客观相结合的方法来探讨语言政策。李圣托将语言规划研究分成了三个阶段,早期的语言规划着眼于解决语言问题,其中较有影响的就是豪根的研究,他运用阶段模型分析了语言政策的制定过程(Haugen,1959),这一时期的研究可以被看作客观主义的实证研究,对语言规划研究进行了概念化并确立了研究范式(李圣托,2016)。第二阶段是过渡时期,这一阶段学者们开始质疑所谓的理性模型,提出语言政策研究不应仅仅是验证假设或评估具体规划方法的有效性,而应当综合研究整个规划过程的合理性和社会环境的适应性(Rubin & Jernudd,1971)。也就是在语言规划研究中加入主观的因素。具体说来这一阶段出现了关注社会因素的语言变异研究以及质性的民族志研究。但是,以本书为代表的语言政策研究出现了批评转向,反映了主观语言意识形态和话语与客观语言政策和语言实践的互动过程,从而揭示了不同社会文化和社会语言背景之下的语言、权力和公平的隐性关系。而且作者指出,只有运用主客观结合的方法描述官方的政策文本,并辅以观察者对语言意识形态、语言实践的观察,才能揭示藏匿于政策文本之外的各种隐性的政策意图。

总之,本书最大的特点就是揭示了传统语言观背后的意识形态和目的。作者认为传统静止的语言观蕴含着人们标准化、同质化的语言信仰,语言相同的则为同,语言不同的则为异。统治者秉持这种语言观的目的就是在人群中划分权力阶层,区别"我们"和"他们"。一旦这种权力结构固定下来,掌权者就会想方设法地维持自己的优势地位。其中较为省力的做法就是将自己的意图隐藏于规章制度、语言教育政策、语言测试和公共空间之中。在公众毫无知觉的情况下,

将意识形态转化为语言实践。本书所述的新方法就是突破传统的语言观和语言政策观的藩篱,促进语言和语言、语言政策和语言实践以及政策制定者、执行者和利益相关者之间的沟通和融合,制定指向多模态符号体系的、多主体共同参与的、体现民主原则的语言政策。当然,理论上讲,作者对语言政策展开的批评与反思有重要的启发和贡献。

但是,作者在书中也提到,她的部分批评意见并没有得到以色列国家机构的支持。这也反映出了语言政策制定主体和其他关涉主体的取向之间存在差异。理论上讲,后现代主义以非中心化方法、反基础方法、非理性方法、解构方法等来推动多元社会的话语体系,确认了情感、直觉、欲望、体验、意志等因素在国家话语体系建构中的合法地位(邓伯军,2018)。但是,在现实的国家治理过程中,对非确定性、差异性、流动性的过度强调也可能为国家运行中相对主义和怀疑主义发展打下伏笔,不利于凝聚社会共识和建构核心价值观。一个国家的语言政策不能仅着眼于独立的时间和空间点,而要立足于本国的历史、现实和未来,并纵览本国在国际政治经济环境中的地位而修正,使其既能为国家意志服务,又能充分体现集团和个人的利益。

参考文献

邓伯军.2018.从后现代主义看马克思主义中国化话语体系的方法论.兰州学刊(6).
李圣托.2016.语言政策导论:理论与方法.何莲珍,朱晔,等,译.北京:商务印书馆,2016.
斯波斯基.2016.语言管理.张治国,译.北京:商务印书馆.
约翰逊.2016.语言政策.方小兵,译.北京:外语教学与研究出版社.
Haugen E. 1959. Planning for a standard language in modern Norway. Anthropological linguistics (3).

(下转第 100 页)

《英语语篇语用变异和变化》述评

奚 洁

南京大学

《英语语篇语用变异和变化:新方法与新认识》,海克·毕希勒著,纽约:剑桥大学出版社,2016 年出版,324 页。ISBN9781107055766。定价:110 美元(精装本)。

[*Discourse-Pragmatic Variation and Change in English: New Methods and Insights*. By Heike Pichler. NewYork: Cambridge University Press, 2016. Pp. xviii + 304. ISBN9781107055766. $110 (Hb).]

引言

近十年来,从语篇语用视角进行的语言变异研究方兴未艾。由著名社会语言学家海克·毕希勒(Heike Pichler)编写的《英语语篇语用变异和变化:新方法与新认识》一书,汇编了多位杰出语言学家从语篇语用变异视角进行的原创性权威研究,旨在更全面地理解英语语言变化与变异中的语篇语用变异。

书中收录的论文可分为两大类。第一类主要介绍了为研究英语语篇语用变异与变化量身定制的研究方法,这些创新性的研究方法与传统的研究方法互为补充、相辅相成。第二类文章呈现了变异社会语言学框架下实证研究的成果和理论认识,既包括已被大量研究过的语言变项,也涵盖了近期许多新兴的研究内容。这些研究在理论层面把语篇语用概念纳入语言学体系,揭示了语篇语用特征的变异性、可变化性。书中所涵盖的研究充分呈现了从语篇语用角度量化研究变异和变化的方法,为该领域的研究人员提供了重要的参考资源和研究策略,指明了未来的研究方向,同时也激发了这一领域新的研究方向和研究内容的讨论。

一 内容概述

在绪论中,该书编者 Pichler 首先厘清了英语语篇语用变异与变化研究中的术语,界定了该书的研究范畴。Pichler 指出之前的研究者往往各自为政,将语篇语用特征称为"话语标记"(discourse markers)、"语用标记"(pragmatic markers)或"语篇小品词"(discourse particles),有些学者则从语法结构上来区分不同类型的变项,这些概念和定义并不统一。因此,该书在概念上使用了更中立的"语篇语用特征"一词,来囊括该书中所涉及的语言特征和结构,在形式、功能和语法上统一了这一超级范畴。

全书分为四个部分,涵盖了语篇变异研究中的多种、多重变异和变化,旨在提供实证研究的新成果,推进变异研究的发展。

第一部分"方法"。该部分两篇文章主要探讨了语篇语用变异研究中系统的方法与策略,以及如何应对未来研究中的挑战,阐述如何识别新的语篇语用形式,以及如何定义新旧形式的语篇语用变项。Andersen 撰写的第一章 "Using the corpus-driven method to chart discourse-pragmatic change",主要讨论了使用语料库研究变异中的一系列问题,比较了"基于语料库"和

"语料库驱动型"这两种不同的变异研究方法。他指出基于语料库的语言变异研究方法来源于语料库语言学,主要是使用语料库数据对某种理论或某个假设进行验证、驳斥或优化。而语料库驱动型的变异研究方法却拒绝把语料库语言学中的特征描述作为一种方法,认为语料库本身应该是我们有关语言变异假设的唯一来源,因此语料库本身体现了一种语言理论(Tognini-Bonelli,2001)。本章作者认为基于语料库的研究方法,与语料库驱动型的变异研究方法相比,特别是在进行语篇语用的变异研究时,可能具有一定的局限性。由于基于语料库的研究需要有个前提假设,即语料库里存在着某种变异。与之形成对比的是,语料库驱动型的变异研究方法使研究者可以计算数据中单个或组合变异出现的频率,这就可以帮助研究者辨认有可能被忽略的创新。因此Andersen建议把两种研究方法结合起来,从而更有效地研究可能存在的变异。

在第二章"Practical strategies for elucidating discourse-pragmatic variation"中,Waters探讨了变异语言学中的两个基本问题:如何定义变项和如何界定变项的条件、环境。她全面地回顾了以往的研究,并挑战了早期学者通过语义和/或语用功能确定语篇语用变项的方法。她认为,语篇语用变异的范畴本质上是异质的,而不应对现有的变项提出单一的统一定义。本章特别关注了副词的量化研究,认为可以从语篇语用功能视角来研究、理解其功能。同时对这些副词变项的研究也证明,需要基于特定数据来具体分析语篇语用变项。

第二部分"创新"详细阐述了分析语篇语用变异的新方法,聚焦了被充分研究过的变异形式,介绍了如何发现对固有的语篇语用形式的创新。第三章"Uncovering discourse-pragmatic innovations:'innit'in Multicultural London English"的作者也是该书的编者,Pichler研究了多元文化背景下伦敦英语中"innit"的各种用法,并发现了其在句法位置和形式功能上的创新。Pichler认为,"innit"和相关形式代表了语言使用中快速变化的创新,这些创新具有激发听众参与的功能。基于Waters在上一章中提出的论点,Pichler还主张分析方法必须具有灵活性,以及必须基于语篇语用特征进行分析。

Denis和Tagliamonte在撰写的第四章"Innovation,'right'? Change,'you know'? Utterance-final tags in Canadian English"中,使用基于语料库的方法研究了句末标记语的使用变化。他们发现"right"和"you know"是迄今为止最常见的变式,但是"right"的使用比例在增加,而"you know"的使用比例则相应地减少。Denis和Tagliamonte对这些变式的使用进行了纵向研究及不同语境中的对比研究,从而认为句末标记语"right"正在取代"you know"。同时,他们认为该研究也给未来的研究者提供了研究策略,用以辨别这些类型的变式是否正在进行词汇替换,而不是语法化现象。

第三部分"变化"探讨语篇语用变化的纵向研究,以及儿童参与的语篇语用变化的进程,聚焦了随着时间的推移,语篇语用变式在使用中发生的变化。在第五章"Antecedents of innovation:exploring general extenders in conservative dialects"中,作者Tagliamonte研究了英国北部四种古老英语方言的变化,特别是其中模糊标签语(general extenders)的用法,如"and stuff"和"something like that"。Tagliamonte认为这些模糊标签语具有重要的人际和互文功能。在Tagliamonte与Denis合作的上一章中,她使用这些古老方言中的变式来解决有关语法化的争议。她认为,在共时的数据中,使用较短的模糊标签语是为了保留原有的保守形式,这种现象并非这些变式的语法化。

Louro撰写了第六章"Quotatives across time:West Australian English then and now",首次探讨了引述语的变异,该书中另外两篇论文也讨论了这一话题。基于1870年至1980年间出生于澳大利亚西部的成年人的自发叙述,Louro研究了引述语的历时变化,发现引述语的使用随着时间的推移发生的巨大变化,特别是在20世纪后期,数据显示变化尤为巨大。她还指出这些引述语的变化与内在思维编码的增加有关。她的这一发现与社会语言学权威Labov的观点互为印证。Labov在2016年的一次演讲"New Ways of Analyzing Variation 45 about quotatives in Philadelphia over time"中,提出了相同的、关于内部思维编码的论点。Louro将Labov的这一观点应用于西澳的引述语研究,发现了跨方言的、纵向的语篇语用变异模式。

第七章为"The role of children in the propagation of discourse-pragmatic change:insights from the acquisition of quotative variation",作者Levey从语言习得的角度论述了引述语的变异。Levey以渥太华英语变体中的引述语"be like"为研究对象,探讨了青春期前的儿童对这一引述语不同变式的习得,并从共时和历时两个维度,比较了该组别与年龄稍长的少年组和成人组对be like的使用。Levey认为,青春期前的儿童不仅参与而且推动了引述语使用的变化。这项研究显示,和语音变化的习得相比,语篇语用变化的习得可能发生得迟。

第四部分"变异"研究了语体对语篇语用变异的作用,以及语篇语用变项对说话者立场的标记作用。在第八章"Register variation in intensifier usage across Asian Englishes"中,Fuchs和Gut使用聚类分析、表征图的研究方法,调查了程度副词在不同变体和语域中的变化模式。他们发现,语域和变体对程度副词的使用有显著的影响,例如几个南亚英语变体在程度副词的使用和分布方面存在显著差异,而且变体内部也存在着不同语域引起的实质性差异,同时这些差异与不同的社会和政治语境密切相关。

Wagner、Hesson和Little撰写了第九章"The use of referential general extenders across registers",研究者们比较了两种美国英语语料库中模糊标签语的使用频率和功能,这两种变体中的模糊标签语在人口统计学上具有相似性,但在不同的语域中具有差异性。但是,被研究的模糊标签语的功能似乎不会因语域和语体的变化而改变。他们的研究结果凸显了早期跨语域模糊标签语变异研究中潜在的方法论问题,这可能和语料库构建和分析的差异性相关。

在第十章"Constructing style:phonetic variation in quotative and discourse particle 'like'"中,作者Drager报告了新西兰少女言语中"like"的语音和语篇变异。作者回顾了相关的民族志学著作,发现根据社会群体身份、立场以及话题的变化,女孩们会改变"like"两种用法的频率和产生。Drager认为,在研究语篇语用变项时,特别是在考察语体的结构和立场时,将变异分析和声学分析方法相结合,特别有启发意义。

最后,Cheshire撰写了该书的结语部分"The future of discourse-pragmatic variation and change research",从四个方面总结了该书。首先作者指出未来的研究将着眼于不同类型的语言变化是否涉及不同的变式。其次需要研究变式位置的变化如何影响标记语的功能,以及什么社会因素激发了这样的位置改变和功能变化。再次,关于变异的习得研究中,特别需要研究儿童和二语学习者对语篇语用变异模式的习得。最后,作者指出需要密切关注社会意义突出的语篇语用变项与变式是如何在语音实现中进行变异，以及这种变异如何表达说话者的立场。对比之前的几篇论文，Cheshire 认为，分析语篇语用变异时，按研究传统把语言变项概念化可能并非总是最合适的研究框架。

二 评价

该书结构富有逻辑，各部分衔接自然，章节重点突出。在内容上，该书呈现了语篇语用变异研究中的许多挑战，同时提出了应对这些挑战的建议。鉴于语篇语用变异研究中，许多变项的形式和属性很难定义，编者 Pichler 把变异的范畴定义为实现语篇功能的特征以及由此发生的语言使用，从而解决了这种定义上的模糊性，使得读者可以聚焦语用变异、形态句法和词汇变异。

虽然该书中的研究包括了为数不少的英语变体和其中的变异与变化，但是书中相当多的研究都倚重语料库数据来研究语篇语用变项，其主要原因是因为这些变项的出现频率相对较低。但是这种方法也使研究者很难对变异发生的社会背景有一个清晰的认识。这些研究严格遵循着变异学派的传统，但是随着 21 世纪社会的巨大变革，更应该去探索这一框架在当今社会语言变异研究中的局限性。

回顾该书中的变异研究还能发现，当今的变异研究更倾向于采用交叉法来更深入地描述变异。但是该书除了第八章中 Fuchs 和 Gut 使用聚类分析、表征图的研究方法，以及第十章中 Drager 运用了民族志学的方法来收集数据和研究语言变异，大多数章节都着眼于地区、年龄等社会因素对语言变异的作用，而忽视了其他社会因素，例如阶级、种族、性别等对语言变异的交互影响。而关于地域变异的研究，无论是美国英语还是澳大利亚英语，都不应脱离种族、阶

级和性别来研究。在英语作为世界通用语框架下，忽略民族、种族这一影响变异的最重要因素，恰恰说明了长期以来以白人英语为标准英语的语言意识。

此外，尽管该书关注的是英语变体中的语言变异和变化，但是几乎所有的章节都是关于内圈国家英语变体中的语言变异和变化现象，除了第八章涉及了南亚国家的英语变体中的变项的研究，对于外圈、扩展圈国家的英语变体几乎没有涉及。随着英语使用范围和地域的进一步扩大，更多民族接受和使用英语，Kachru（1985）指出英语本土化是语言充满活力的表现，是语言创新的结果。与此同时，各地的文化、政治、社会因素都促生了这些英语变体中在语篇和语用上的变异。因此，要更深入、全面、及时地了解英语的语篇语用变异，需要对其他地区、民族所使用的英语变体进行研究。

最后，再深入地总结全书可以发现，该书中只有第七章是从英语语篇语用角度研究语言习得的，但是也仅仅局限于加拿大渥太华地区青少年的语言习得，这是对英语作为母语的说话者在母语习得中的变异研究。徐大明（2006）指出在第二语言（second language，简称 L2）的学习过程中，学习者有着不同的学习方式和学习速度，因此英语作为二语或外语习得过程充满了变异。而当前从语篇语用角度对习得研究仍尚待充实。如果该书能对此问题有所涉及，将有助于广大研究者更好地展开对习得变异研究，以及更深入地了解英语作为二语、外语的习得、传播、发展、使用。

总而言之，该书在英语变异的研究方法上作出了杰出的贡献，展现了该领域研究中复杂的计算和统计工具的作用，让我们可以期待语料库驱动的研究方法带来更为可靠的研究发现。同时该书也强调了定量研究方法在语篇语用变异研究中的价值。该书

的编者和各章的作者们最大的贡献在于展现了在概念定义上的灵活性、方法上的多样性,从而可以最大限度地了解如何以及为什么会产生语篇语用上的变异和变化。该书为该领域的研究者们提供关于语篇和语用交叉领域变异研究的优质资源,成为未来研究语篇语用变异的一个良好起点。

参考文献

徐大明.2006.语言变异与变化.上海:上海教育出版社。
Ellis R.1994 . *The study of second language acquisition*. Oxford:Oxford University Press.

Kachru B B. 1985. Institutionalized second language varie-ties. In S. Greeenbaum (ed.). *The English language today*. Oxford:Pergamon Press Ltd.
Labov, W. How did it happen? The new verb of quotation in Philadelphia.Lecture, *New Ways of Analyzing Variation* 45, Vancouver, BC Canada, November 4, 2016.
Tognini-Bonelli, E. 2001. *Corpus Linguistics at Work*. Amsterdam:John Benjamins.

作者简介

奚洁,博士,南京大学大学外语部副教授。研究方向为社会语言学和第二语言教学。电子邮箱:janexi75@hotmail.com。

(上接第95页)

Rubin J,Jernudd B H. 1971. *Can language be planned?*:*Sociolinguistic theory and practice for developing nations*. Honolulu:University Press of Hawaii.
Seliger H W,Shohamy E. 1989. *Second language research methods*. Oxford:Oxford University Press.
Shohamy E. 2001. *The power of tests*:*a critical perspective of the uses of language tests*. London:Longman.
Shohamy E. 2006. *Language policy*:*hidden agendas and new approaches*. London:New York:Routledge.
Shohamy E,Ben-Rafael E, Barni M. 2010. *Linguistic landscape in the city*. Bristol:Multilingual Matters.

作者简介

尹小荣,新疆师范大学教授,南京大学中国语言战略研究中心兼职研究员。研究方向为语言政策和语言规划。电子邮箱:helenyin2002@sina.cn。
张治国,上海海事大学教授,研究方向为语言政策和语言规划。电子邮箱:zgzang@shmtu.edu.cn。

《语言学》(汉语言文学本科专业核心课程
研究导引教材)述评

《语言学》(汉语言文学本科专业核心课程研究导引教材),罗琼鹏、彭馨葭编,南京:南京大学出版社,
2019 年出版,624 页.ISBN9787305224751,定价:140 元(人民币)。

[*Linguistics*(*Chinese Language and Literature Undergraduate Core Course Research Guide Textbook Series*). By Luo Qiongpeng, Peng Xinjia. Nanjing:Nanjing University Press,2019. pp. 624. ISBN9787305224751.￥140.]

引　言

　　《汉语言文学本科专业核心课程研究导引教材》由南京大学组织文学院各专业在核心课程教育研究与实践的基础上总结而成,全套共有 8 册,包括《文学理论》、《语言学》《古代汉语》、《现代汉语》、《中国当代文学》、《中国古代文学》、《欧美文学》和《戏剧学》,于 2019 年 8 月正式出版。导引教材中的《语言学》(以下均简称为《语言学》)为该丛书中一册,由罗琼鹏和彭馨葭编撰。

　　为落实教育部"以本为本",南京大学文学院对汉语言文学专业本科核心课程"语言学概论"的教学进行了改革,教学形式为"大班讲授＋小班研讨",由单一教师授课变为授课与研讨指引相结合,以提高人才培养能力,加快建设高水平本科教育。《语言学》一书正是基于南京大学"语言学概论"课程的教学实践编写而成,既可作为"语言学概论"的大班教学用书,也可用作小班研讨课的导引教材。

一　体系架构与主要内容

　　《语言学》最大的亮点与特色,在于其体系架构。各章体例均为四个模块:导引,选读,思考和练习,延伸阅读。"导引"阐述本章的基本概念与知识;"选读"提供与该章主题直接相关的原著原文节选(部分为经典译文),让学生直面一手材料;"思考与练习"紧扣前文概念与原著内容,提出具体问题,引导学生边读边思考;"延伸阅读"列出相关文献供学生课后进一步学习。

　　全书正文共十二章。第一章总起概括语言和语言学的基本问题,后面各章具体介绍语言学的重要分支和流派,其中第二至六章主要关注语言的本体研究,包括语音学、音系学、形态学、句法学和语义学;第七至十二章关注语言学的功能、应用、学习和认知等,内容包括语用学、语言习得、社会语言学、语言类型学、历史语言学和神经语言学。

　　第一章"语言与语言学"从语言定义与研究取向、语言的甄别性特征、语言的语法、语言与思维等几个方面,阐释何为语言,何为语言学。全书整体上采取形式语言学,即

生成语法（Generative Grammar）的理论取向，介绍了对语言的不同定义及由此形成的不同语言学思潮，如：语言作为符号体系与结构主义语言学；语言作为心智能力与生成语法；语言作为交际工具与社会语言学、语言人类学、语言类型学等的关系。"语法"是说话人具有的关于语言单位和规则的知识，编者基于语法的广义定义，向读者引出语言学重要研究分支的由来，如研究声音与词组合的规则成为音系学（Phonology）、词的内部组合规则称为形态学（Morphology），词组成短语、短语组成句子的规则称为句法学（Syntax），指派意义的规则构成语义学（Semantics），对语言学研究做了总起性的介绍。

第二章"语音学"从发音语音学（Articulatory Phonetics）、声学语音学（Acoustic Phonetics）和听觉语音学（Auditory Phonetics）三个研究范畴分类入手，逻辑清晰地将读者带入语音研究的领域。发音语音学从人类发音的人体生理机制出发，定义音素、音节、声调等概念；声学语音学从语音的声学特征方面，介绍声波的频率、振幅、时长等物理属性对语音的描述与分析方法；听觉语音学则研究的是人如何接受并处理语音信息。

第三章"音系学"首先厘清了音系学与语音学的不同之处，指出音系学主要研究语音的组织规律，介绍音位、音位变体、互补分布、最小对立对、音节结构等概念，并简要介绍如何进行音系分析。

第四章"形态学"由问题引导出形态学主要关注的几个问题：如何分析词的内部结构；词的派生形态，即如何通过增加前缀、中缀、后缀产生新词和如何把已有的两个或多个词结合起来产生新词；词的屈折形态变化。引导读者在后续学习中理解词法研究。

第五章"句法学"从汉语和英语的句子

歧义实例引入，说明短语和句子存在内部结构，研究其规律的语言学分支即为句法学。并从句法范畴、句子的结构依存性、短语结构、普通语法中的原则与参数等概念理论分析讲解句法学研究。

第六章"语义学"通过众多实例介绍了语义学中用于分析词与句子意义的基本概念，包括词之间的意义：同义关系、反义关系、多义关系和同音同形异义关系；句子之间的意义关系：释义、衍推、矛盾和预设；真值条件语义学、组合性原则、题元角色等。

第七章"语用学"重点介绍了三个重要的语用理论假设和研究领域。在句子和命题意义的层面，介绍了预设和衍推的概念；在会话的层面，介绍了会话原则和会话涵义。此外，介绍了言语行为理论。语用学是研究语言使用规律的，注重"言外之意"，因此本章中编者运用了大量的实境语例帮助读者领会，并厘清语义学与语用学的联系与区分。

第八章"语言习得"介绍了20世纪主要的语言习得与发展理论：行为论、天赋论、建构主义和联结主义，详细阐释了基于使用的语言观，并介绍了第一语言发展、第二语言习得及语言习得的研究方法。

第九章"语言与社会"从乔姆斯基生成语法理想状态下的语言能力谈起，到交际中的语言和生成语法描摹规则的差异，引出海姆斯的交际能力（communicative competence）概念与乔姆斯基语言能力（linguistic competence）概念的对立，阐释社会语言学研究的核心是把语言的使用放在社会语境下进行，研究方法和研究对象具有社会属性。并分别详细剖析广义社会语言学与狭义社会语言学（即变异社会语言学）的定义、研究范畴、研究方法和历史发展。

第十章"语言类型学"介绍了现代语言类型学研究的主要目的：对语言进行分类、

发现语言共性和对语言共性做出解释。该章从语言分类特征和跨语言共性角度,介绍了类型学的分支,并着重介绍了汉语类型学的研究及发展,强调语言类型学研究的发展与语言描摹不可分。

第十一章"历史语言学"介绍了历史语言学的发展脉络。第一阶段的葆朴、拉斯克和格里姆作为历史比较语言学的开创者,提出并论证了印欧语种同源设想。第二阶段从1870年开始,重要著作有法国语言学家梅耶的《历史语言学中的比较方法》。编者特别介绍了瑞典汉学家高本汉等在传统汉语语音研究中对历史比较语言学的运用,进一步解释了语言谱系中的谱系树模型和波浪模型。最后是广义的历史语言学研究,介绍了语言演变的类型、过程和动因。

第十二章"语言与大脑"通过介绍神经语言学的基本概念及常用研究方法和工具,阐明语言与大脑关系的研究。包括对大脑皮层的语言区的解释及相关的几种理论,让读者明白脑科学在大脑语言区的研究结果对语言理论的启示,并介绍了几种脑功能成像技术,及在科技发展中,语言、大脑、电脑三者联结在未来研究发展的方向。

二 评价

从主题看,《语言学》具备较强的全面性与基础性。作为面向汉语言文学本科专业的语言学入门教材,在主题上基本涵盖了当代语言学的主要分支,有助于语言学入门者全面了解该领域研究的全貌。内容深入浅出,结构逻辑清晰,层层推进,基础概念定义讲解细致,基本完成了其作为语言学本科教材的主要预设任务。

从选材看,编者兼顾语言学的传统与前沿、西方理论研究与中国语言现象。一方面,本书的编写有其必要性。非中文书写的优秀语言学教材如 An Introduction to Lan-

guage (Fromkin et al.,2007)(中译版《语言引论》于2017年出版)、The Study of Language (Yule,2014)等,其阅读门槛略高,主要读者对象为对语言学已有一定了解的学习者,而以中文书写的经典语言学教材如《语言学纲要》(叶蜚声等,2010)和《语言学教程》(胡壮麟,2008)等,其最新的修订也已在十年前。随着时代的增速发展、科技的突飞猛进,一些新的研究工具和研究方法极大地促进了语言学研究的蓬勃发展,现代语言学已成为一个学科群,尤其是应用型、交叉型的语言学研究发展很快(李宇明,2018)。因此,编写一本总结传统语言学理论并介绍语言学前沿研究与发展趋势的教材,是很有必要的。《语言学》所选择的经典原文,远至 Russell(1905)的 On denoting,近及克劳斯·迈因策尔(2018)的《人工智能与机器学习》,上下百余年,其中有13篇选读材料为近20年来所发表,占总篇数36%以上。"延伸阅读"的推荐书目也基本上是每个研究分支中最新的研究成果,供学有余力或对语言学有兴趣的读者自行选择阅读。另一方面,现代语言学理论主要来自西方,中国的语言学初学者若一头扎进这些理论中,在面对中国语言现象时,往往会感到疑惑与茫然。本书编者特别重视这个问题,在相关章节选取经典的中国语言学研究,如吕叔湘对汉语语法的分析、朱德熙运用布龙菲尔德理论对汉语同心结构的研究、黄正德对汉语中逻辑关系与语法理论的研究、鲍明炜结合汉语音韵系统对南京方言变化的代际语音考察,等等,都是现代语言学理论在汉语研究中的典范运用,希冀读者能从中一窥西方语言学理论与汉语现象研究结合的思路与方法。

从结构看,以问题为导引,紧密结合原文文本,强化问题意识。随着本科教学的不断改进,课堂教学的核心从内容传递转变为问题导引,教师的引导和接引激发出学生的问题意识,教学双方互动产生探讨的问题。该教材提供了很好的研究实践,通过"导引"、"选读"、"思考和练习"及"延伸阅读"的编写体例,完成了以问题为导引的逻辑。具体体现在以下方面:其一,围绕问题与问题意识组织体系架构。在相应的语言学基础分类上,以学术史发展为脉络,定义、观点由何而来?经过怎样的争论与发展?作为刚接触语言学的本科生,不是被动灌输已有学术概念,而是自然而然被导引入语言学研究大门,充分了解语言学发展脉络。其二,围绕问题与问题意识选取经典原文文本。经典原文文本的选择,有利于直面学术观点,再通过教材提炼概念,更利于理解掌握。例如,第一章选取的三篇原文分别节选索绪尔的《普通语言学教程》、布龙菲尔德的《语言论》和乔姆斯基的《语言与心智》,从现代语言学奠基人发端,到结构语言学先导,再以当代语言学发展收尾,语言学的三段重要发展一目了然。其三,围绕问题与问题意识设计思考与研讨教学逻辑。"思考和练习"大多为主观题型,答案是开放性的,既适合学生在研讨课上讨论,也适合延展形成小论文,为本科生以后撰写毕业论文提供了多方面的训练,有利于培养学生的科研能力。试举一例,第一章的课后问题中,有一题:"如果语言学的终极目标是探索人类的普遍语法,那么该如何推进汉语语言学,尤其是汉语语法研究,从而促进对人类语言本质的探索?汉语研究如何才能增进全人类对语言本质的认识?"这个问题无论是对语言学入门者,还是对终生致力于语言学研究的学者,都是值得深入思考的。

从语言学教学角度看,该教材实现了"教学相长"原则的实操性。徐兴无教授在书中序言提到,"随着知识信息的网络化和云端化,人文学科的主要教学目标必须由获得与掌握系统化知识或纯粹的信息,转变为培养问题意识、提升理解与阐释能力"。这对于使用该教材的教师和学生而言,都是一种挑战与提升。首先,教师需要转变教学思路,变单向性讲授者为双向性互动引导者。教师是引路人、问题的首先提出者,学生通过对语言学理论的获取、对语言学原文的研讨、语言学经典问题的琢磨,逐步提高问题意识,最终转变成问题的提出者与解答者。其次,教师需要以实践为导向,突出学生的主体作用和主观能动性。课程可以这样安排:导引由教师引领讲授,原文以学生阅读为主;研讨以教师为主,再渐渐转移为学生为主;随着学生获取的语言学知识增多,学术能力提升,逐步增强其学习的主导性。再者,教学产出形式可以多样化。思考与研讨,也可通过小组形式,完成不同的语言学议题报告,甚至可以形成年度论文、毕业论文,这对本科生的学术能力培养具有循序渐进性。

《语言学》亦有可进一步商榷之处,如对语言学研究中各流派的情况及发展,从导引和原文中虽可窥一二,但系统介绍着墨较少,当然,这可能与编撰布局的逻辑取舍和篇幅安排有一定关系。另外,该书部分章节对于人名的翻译前后不一致,如对德国语言学家 Franz Bopp,有时翻作葆朴,有时翻作波普,恐让不熟悉的读者混乱。不过瑕不掩瑜,《语言学》在教学改革的实践中凝练而成,作为语言学教学与研究参与者,深切体会到该教材历史与当代结合、经典与前沿兼顾、中西兼并包容的全面性,以问题意识为核心贯穿在整个教学相长的过程中,有效平衡教与学,既有利于学生语言学素养培训,也有利于教师教学水平的提升,实为"大学人文学科教学方式的应然"之态。

参考文献

Fromkin V，Rodman R，Hyams N，eds. 2007. *An intro-duction to language (Eighth Edition)*. Beijing：Peking University Press.

Russell B.A.W. 1905. On denoting. *Mind*(14).

Yule G，ed. 2014. *The study of language (Fifth Edition)*. Cambridge：Cambridge University Press.

胡壮麟. 2008. 语言学教程(第三版中文版). 北京：北京大学出版社.

克劳斯·迈因策尔. 2018. 人工智能与机器学习:算法基础和哲学观点. 贾积有，译校. 上海师范大学学报(哲学社会科学版) 47(3).

李宇明. 2018. 语言学是一个学科群. 语言战略研究 3(1).

叶蜚声、徐通锵、王洪君，等. 2010. 语言学纲要(修订版). 北京:北京大学出版社.

作者简介

　　聂娜,南京大学文学院博士,南京大学中国语言战略研究中心兼职研究员。研究方向为语言学和汉语语音史。电子邮箱:niena@nju.edu.cn。

《多语工作场所中的经济学》简介

张璟玮

澳门大学

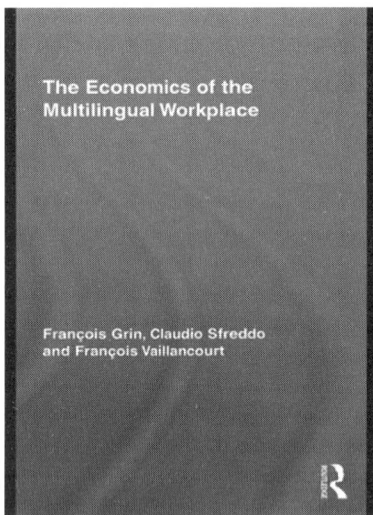

《多语工作场所中的经济学》(*The Economics of the Multilingual Workplace*)是罗德里奇出版社(Routledge)出版的"罗德里奇社会语言学研究丛书"中的一本,作者为 François Grin, Claudio Sfreddo 和 François Vaillancourt,2010 年出版。该书是瑞士国家科学基金第 56 号国家研究项目"工作场所中的外语使用"("Langues étrangères dans l'activité professionelle")的研究成果之一。

此处"工作场所中的外语"并非我们通常所理解的"外国的语言"。瑞士是一个由 26 个高度自治的州组成的联邦国家。瑞士联邦有四种官方语言——德语、法语、意大利语和罗曼什语;大部分州以四种语言中的一种为官方语言,少数州以其中两种或三种为官方语言。因此,除了本州的官方语言,

工作场所使用的其他语言,包括联邦的其他官方语言和外国语言,均为"外语"。

《多语工作场所中的经济学》一书包括三大部分十个章节,集中回答了两个问题:(1)如何量化外语和外语技能的经济价值?(2)这些量化模型对语言规划有什么作用?

第一部分题为"多语研究的经济学视角"。这一部分介绍了经济学家是如何看待语言和多语问题,尤其是企业中的多语问题。在经济学学科体系下,企业员工的语言技能可视作生产要素的一部分,有助于企业附加值的创造;在微观经济学生产理论中,作为生产要素的语言变量是自变量,企业的经济表现是应变量,在利润最大化的驱使下,企业对自身语言资源的需求做调查评估,然后将结果运用至人力资源管理。商业领域中语言需求的调查自 20 世纪 70 年代就已经开始,美国、加拿大、澳大利亚以及欧盟 13 个国家都开展过,已经发展得相当成熟。

该书第二部分"外语技能,外语使用和生产"介绍了 1995 年瑞士的调查结果和 2001 年加拿大魁北克省的调查结果,并用原创的经济学模型分析了这两个案例。瑞士 9 个行业的调查结果表明,员工的外语技能给企业创造的附加值总和占到了瑞士国内生产总值的 10.8%,其中,英语技能贡献 5.6%,法语和德语贡献 5.2%。加拿大魁北克省 20 个行业的分析结果表明,三类行业——低双语化行业、中双语化行业和高双

语化行业中,员工英语和法语双语技能对企业附加值的贡献分别为 1.9%、3.3% 和 8.6%。

该书第三部分"政策建议和未来展望"挖掘前两部分研究成果更广阔的应用前景,主要是指在语言规划和语言政策方面的应用。这一部分对以下几个问题提出了自己的见解:(1)总体来说是否应该推广外语?(2)语言技能应该达到什么程度?(3)什么行业对语言技能的需求更大?(4)应该教哪些语言?(也就是说如何确定语言教育资源的分配?)(5)谁该与企业分担语言培训的费用?

该书最后建议应该用跨学科的方法研究多语交际,以制定出能够满足多方面需求的"复杂语言政策"。全书独树一帜地用经济学的概念和模型分析多语现象,实现了语言规划研究和经济学研究的交叉,为应用语言学注入了新的活力。这一研究也为开展定量、实证的语言规划研究提供了范例。

作者简介

张璟玮,澳门大学人文学院助理教授,中国语言战略研究中心兼职研究员,主要研究方向为社会语言学。电子邮箱:jwzhang@um.edu.cn。

《网络新闻语篇研究》简介

宫晓慧
江苏师范大学

随着互联网的高速发展,网络新闻成为人们获取信息的主要途径。新兴的网络新闻语言对大众意识形态的构建和认知体系的形成发挥着越来越重要的作用,网络新闻语篇作为新闻语言的重要表现形式,已经成为社会语言学家的重点研究对象。江苏师范大学林纲教授的《网络新闻语篇研究》即为其中的一项研究成果。该书是国家社科基金项目阶段成果和教育部人文社科基金项目最终成果,于 2016 年 12 月由南京大学出版社出版。

本书根据研究范围的大小依次对语篇研究、新闻语篇研究、网络新闻语言研究现状进行概括,指出目前国内的语篇研究还缺乏自成一体的理论体系且研究角度相对单一。对网络新闻语篇研究的对象和理据进行明确的界定,将网络新闻语篇的形成视作一种社会实践活动,运用内容分析法、批判分析法和图式分析法对其进行宏观和微观、表层与深层、静态和动态的系统研究,分析出新闻语篇所承载的意识形态,并指出网络所特有的超链接技术给网络新闻语篇的文本与语境带来了深刻影响。

本书首先借鉴了宏观结构理论来分析网络新闻语篇的结构,认为网络新闻语篇结构的分析应该包括静态和动态两种,静态的包括语篇结构要素与语篇结构范畴两个层次,探讨了形式与意义之间的关系。动态分析则是对其所包括的主述结构、信息结构、话述结构与启承结构进行分析,探讨了网络新闻的推进结构。作为社会实践活动、意识形态活动和语言活动的产物,其结构体系有很多变式,选择依据是由主题、语篇作者和意识形态倾向等共同决定。

网络新闻语篇的生成方面,作为作者与读者双方互动交际的表现形式,应是一种立足双方心理过程,能够最终达到互动效果的载体,新闻作者要注重互为主观性的因素,从读者角度构建语篇,增强双方的互动,引起读者的共鸣。其中指示现象的运用就是为了让读者增加真实感,从而在意识形态上形成认同,流行语模因的运用,标题、内容和措辞等的选择都是为了减少双方的差异性,通过语境的推导而对其中的会话含意进行把握。

网络新闻语篇的解读方面,运用言语行为理论、预设理论、图式理论和批评理论从读者角度重新解读网络新闻语篇,发现其实质上是一个立足读者背景知识而进行的认知和言语交际的过程,其中除了大众所共知的显性意识形态意义之外,还有很多隐性意义的存在,而这些或好或坏的隐性意义一直在潜移默化地影响读者,所以增强批评性阅读能力是很有必要的。

《网络新闻语篇研究》是国内第一部以网络新闻语篇为研究对象,系统全面地研析网络新闻语篇的本质特点,总结网络新闻语篇生成和理解规律的专著。但研究对象的范围可适当扩大,进而提高研究结论的普适性。

作者简介

宫晓慧,山东青岛人。江苏师范大学文学院 2017 级汉语言文字学专业研究生。研究方向为语用学。电子邮箱:464859173@qq.com。

聚焦语言战略研究　服务语言文字工作

——第四届国家语言战略高峰论坛召开

2019年11月25日至29日，"第四届国家语言战略高峰论坛"在南京大学召开。论坛由教育部语言文字信息管理司指导，南京大学文学院、南京大学中国语言战略研究中心共同主办，浙江师范大学孔子学院发展战略研究院、武汉大学中国语情与社会发展研究中心、鲁东大学汉语辞书研究中心、上海外国语大学中国外语战略研究中心、上海市教育科学研究院国家语言文字政策研究中心协办。本届论坛包括工作坊（25—27日）和国际学术研讨会（28—29日），来自教育部语言文字应用研究所、中国社会科学院、北京大学、清华大学、武汉大学、南京大学、香港理工大学、澳门大学，以及日本国立国语研究所、新加坡南洋理工大学、美国马里兰大学、德国柏林洪堡大学等国内外40余所高校与科研机构的60余名学者应邀出席，30余名工作坊学员应邀列席了国际学术研讨会。

研讨会开幕式由南京大学文学院院长、中国语言战略研究中心主任徐大明教授主持，南京大学校长助理吴俊教授、教育部语言文字信息管理司刘宏副司长分别致辞，对中心的建立和发展进行了回顾与展望。

研讨会分为大会发言和分组发言两种形式。十五位大会发言专家就农村语言生活、多语与语言扩散、智库建设、新时代民族语文政策、人工智能研究与语言研究、语言融合、语言和语言教育现代化、香港的语言格局、日本的语言规划政策、语言经济与语言景观、城市语言文明、城市社区语言规划等话题报告了研究成果，引起了与会代表的热烈讨论。

北京语言大学李宇明教授的报告主题为"重视农村语言生活的调查与规划"，指出农村语言生活与城市语言调查相比，研究还较不自觉、较不系统。传统的乡村语言及其图景正在发生重大改变，学界亟须农村语言生活的调查与规划。

德国杜伊斯堡—艾森大学库尔马斯教授（Florian Coulmas）关注经济理论和语言传播，发言在回顾已有经济模型的基础上探讨了语言与政治经济、去殖民化与移民、发展和国家财富、人类资本和商品化、公共产品、交换方式等七个方面的问题，为回答经济理论是否能够解释语言传播的问题提供了新的思路。

南京大学李刚教授介绍了中国智库索引的建立背景、研究优势、人才培养、社会推广和交流合作等方面的情况。

中国社会科学院黄行教授认为解读民族语言问题的话语体系正在发生明显变化，旧的话语体系已经不太适用，新的话语体系尚未形成。因此新时代民族语文的政策导向应该从宏观和微观两个方面进行语言规划。

北京大学陆俭明教授的主旨发言题目为"面向人工智能研究的语言研究"，从世界视野介绍了人工智能研究的发展历程，以及人工智能在当今社会的"明星"地位，指出了人工智能的关键和发展的短板，论述了人工智能研究中语言研究的悲哀和曙光，并对年轻一代的语言学工作者提出了希望。

香港教育大学周清海教授以香港、台湾地区及新加坡为例，说明不同的社会行为在语言教育上的表现。报告还论及了大华语区的词汇和语法，提出"大华语"的意义。

德国柏林洪堡大学韩可龙（Henning Klöter）教授运用语言规划的主体和影响理论重新阐释了19世纪西方传教士在中国推广使用方言、20世纪30年代中国知识分子呼吁"大众语言"以及20世纪50年代以来中国政府成功推广普通话三个不同时期的语言规划案例。

香港理工大学李楚成教授全面展示了回归二十年香港"两文三语"的语言格局，认为香港在推行"两文三语"政策时，多语言格局的发展并不均衡，从教育政策和支持措施方面提出建议，期望实现"两文三语"的长远目标，让香港的语文发展迈向一个新的里程碑。

教育部语言文字应用研究所郭龙生研究员从教育现代化入手分析了教育现代化的实现指标，指出语文现代化是实现教育现代化的前提和基础，并详细论证了二者的关系，试图说明没有语文现代化的教育现代化是不完美和不彻底的教育现代化。

日本国立国语研究所朝日祥之教授通过两份日本敬语报告的内容，以及他们关于日本敬语的三次调查报告，从多个维度展示了日本的敬语政策。

美国马里兰大学周明朗教授通过对中国语言地图上的贫困县和百强县的调查，重新审视了语言与经济的三个假说，回答经济格局的变化与语言关系的问题，以期为语言战略提供科学依据。

日本国立大分大学包联群教授依据中国国家民族语言政策与民族语言文字工作条例，考察内蒙古、辽宁、吉林等地区的语言景观现状，以此为线索揭示了民族语言政策存在的问题，明确提出了语言政策和语言经济的关系。

武汉大学赵世举教授探讨了语言的多样性和统一性问题，认为在处理这对矛盾时要兼顾五种理念：以促进人的生存和发展为宗旨；以服务当代、开创未来为导向；以遵循语言发展规律为原则；以妥善兼顾语言不同功能为策略；以构建多样性和统一性辩证统一的、和谐健康的语言生活为目标。

南京大学徐大明教授以语言暴力为切入点，认为在城市化进程中，社会转型过程中的社会交际问题和语言冲突需要通过语言管理的方式予以解决。与此同时，语言文明蕴含在精神文明和城市文明之中，建设精神文明和城市文明必须包括语言文明的建设，首次提出建设城市语言文明的语言战略。

陈新仁教授报告的题目为"城市社区语言规划方案的构建"，从两个背景、一个研究对象和三个层面，详细介绍了具体的规划策略与理论体系。

在五个单元的小组发言中，33位与会学者讨论了语言资源、语言经济、语言管理、语言活力、城市语言、语言教育等领域中的具体问题，从各种不同角度贡献了与国家语言发展战略紧密相关的学术观点、调查数据和研究资料。

研讨会闭幕式由南京大学中国语言战略研究中心主任徐兴无教授主持，浙江师范大学王辉教授、首都师范大学王春辉教授、新疆师范大学尹小荣教授、华东师范大学俞玮奇副教授、上海海事大学张治国教授分别作分会场总结报告。武汉大学、上海外国语大学、上海教育科学研究院等会议协办单位的代表先后发言。青海省藏语佛学院高海洋教授主持了随后的自由发言。最后南京大学中国语言战略研究中心名誉主任徐大明教授作大会总结，他从理论热点、学科发展和智库建设三个方面总结了会议内容，并且提出了对今后研究的期望和建议。

本届论坛还于 11 月 25 日至 27 日举办了"2019 国家语言战略工作坊"。工作坊由南京大学文学院和中国语言战略研究中心共同主办，浙江师范大学孔子学院发展战略研究院协办。来自武汉大学、山东大学、北京语言大学、中国传媒大学、上海外国语大学、华东师范大学、浙江师范大学、南京师范大学、南京航空航天大学、齐齐哈尔大学、渤海大学、新疆大学、新疆师范大学等 27 所高校的 39 名学员参加了本期工作坊。

工作坊讲师团阵容强大。德国杜伊斯堡—艾森大学库尔马斯（Florian Coulmas）教授、暨南大学郭熙教授、美国马里兰大学周明朗教授、香港理工大学李楚成教授、日本国立国语研究所朝日祥之教授和首都师范大学王春辉教授，分别就书面语与社会、华语研究、语言生活与语言认同、香港语言格局、日语中的外来词、现代世界体系与中国语言学等主题为学员们进行了精彩的授课。

库尔马斯教授指出，社会语言学自诞生以来一直致力于研究口语语料，其实文字同样可以表征阶级、性别、年龄、民族等社会属性。随着信息社会的发展，各类即时通讯基本上是通过互联网渠道，而非通过面对面的交流，因此书面语在现代社会的整个交际中占据着越来越重要的地位，应该研究书面语的选择是如何受到社会因素制约的。

郭熙教授分析了华语的区域和社区差异性，指出要认识华语的不同性质，需要进一步发掘华语事实，搜集、整理和利用华语资源，全面准确地反映世界各地华语生活面貌。

周明朗教授认为，语言使用仅是语言生活的外在形式，语码与身份的能动双向匹配才是语言生活的内在机制。这个机制显示了语言生活的活力所在。语言战略就是规划语码，以便调控语码，整合身份，最终实现对宏观、中观和微观语言生活的管理。

李楚成教授介绍了香港回归二十年来"两文三语"语言格局的发展状况，认为在推行过程中，两文三语的发展并不均衡，应该建立多方位的支持措施，尤其是优化教育政策，以期实现"两文三语"的长远目标。

日本国立国语研究所朝日祥之教授回顾了外来词在日语中的增长和接受状况，介绍了对外来词词义演化所做的调查研究，以及日本国立国语研究所在 2003 年和 2006 年提出的关于规范日语外来词的政策建议。

王春辉教授指出，大航海时代开启了现代世界体系，西方诸国掌握着这一体系的话语权。中国在 19 世纪"被迫"进入此体系，经历了一种无所不在的西方建构。现在，中国语言学人开始尝试立足中国语言生活国情，跳出西方范式，走新时代中国语言学的创新之路。

工作坊还举办了两场专家对话会，第一场由德国洪堡大学韩可龙教授主持，徐大明、库尔马斯、朝日祥之、李楚成、韩可龙五位专家就语言战略、语言经济、日本语言政策等问题与学员进行了互动；第二场由浙江师范大学王辉教授主持，李宇明、韩可龙、周明朗、王辉、方小兵五位专家就地区和国际组织语言政策、国际汉语教育、全球华语社区等问题与学员进行了互动。

结业仪式上，专家们为工作坊学员颁发了学习证书。学员们纷纷表示开阔了眼界，拓宽了思路，同时也对中国语言战略有了全新认识和深入了解，收获很大，在今后的研究中会努力探索中国语言战略的新领域。

"国家语言战略高峰论坛"2007 年由南京大学中国语言战略研究中心发起。该论坛旨在倡导国家发展中的语言战略理念,提升语言政策和语言规划研究的理论水平,开辟向国家有关部门和社会公众提出语言政策建议的渠道。该论坛迄今已举办四届,本届论坛在专业学者分布、参会人员数量以及主旨发言人数等方面均列历届之最。

(张延勇　张璟玮　方小兵)

论文目录(按姓名音序排列)

首届"一带一路"语言战略国际学术研讨会在金华举行

2019年12月7日,首届"一带一路"语言战略国际学术研讨会暨"一带一路"青年汉学家学术研讨会在浙江师范大学举行。会议由浙江师范大学国际文化与教育学院和浙江师范大学孔子学院发展战略研究院主办,浙江师范大学国家语言政策与语言生态研究院、南京大学中国语言战略研究中心、上海沃动科技有限公司和《语言文字周报》协办。会议聚焦汉语国际传播,共同探讨"一带一路"沿线国家语言政策、语言生态、来华留学生语言教育政策及规划等议题。在本次会议上,"一带一路"青年语言学者联盟宣告成立。

开幕式由浙江师范大学国际学院党委书记陈青松主持。浙江师范大学副校长钟依均,上海沃动科技有限公司副总裁张日法,教育部语言文字应用研究所研究员、中国语文现代化学会秘书长郭龙生,浙江师范大学国际文化与教育学院院长王辉等出席开幕式并致词。钟依均指出,语言作为交流的媒介,对推动"一带一路"沿线国家间相互了解、畅通人文交流具有重要作用。他希望,本次研讨会的召开和联盟的成立,能够不断增进"一带一路"沿线国家之间的语言互通和文化交流,为推动构建人类命运共同体作出积极贡献。郭龙生指出,青年汉学家与青年语言学者肩负中外人文交流的光荣使命,联盟成立后应团结海内外青年学者和青年汉学家,开展多方务实合作,为"一带一路"语言文化交流贡献学术智慧。张日法指出,在科技不断取得突破的新时代,科技之帆将助力未来汉语教学和中国文化传播的航船,"互联网+汉语国际教育"将成为汉语国际传播的新路径。王辉表示,"一带一路"青年语言学者联盟汇聚了一批有担当、有情怀的优秀青年,联盟的成立,标志着海内外青年语言学者从个体的零散的研究走向有组织的合作模式,通过建立交流合作、共建共享的联盟机制共同推动"一带一路"建设的高质量发展。青年汉学家代表、上海外国语大学博士后佳荷在发言中希望越来越多的青年汉学家加入联盟,让联盟不仅成为中国有影响力的服务"一带一路"的重要力量,也在国际舞台上发挥重要作用。

联盟成立仪式上展示了北京语言大学李宇明教授为"一带一路青年语言学者联盟"的题字。浙江师范大学国际文化与教育学院同上海教育出版社签订合作协议,共同推动联盟青年学者和青年汉学家学术成果的出版。

仪式后,加拿大麦吉尔大学王仁忠教授、上海海事大学张治国教授、东南大学韩亚文副教授、北京外国语大学教师阿利耶夫博士、郭龙生和王辉等围绕"一带一路"语言战略、语言服务、文化交流等主题做了主旨发言。40余位联盟盟员分别做了语言政策、汉语国际传播等方面的分论坛报告。

来自教育部语言文字应用研究所、上海教育出版社、《语言文字应用》、《中国语言战略》、加拿大麦吉尔大学、北京大学、中国人民大学、厦门大学、南开大学、北京外国语大学、上海外国语大学、中央民族大学、上海海事大学、浙江师范大学等20多家机构的50余名海内外专家学者参加了本次研讨会。

(刘杉杉　陈路畅)

Contents

图书在版编目(CIP)数据

中国语言战略.2019.2 / 徐大明主编. —南京：
南京大学出版社，2019.12
ISBN 978-7-305-22813-1

Ⅰ.①中… Ⅱ.①徐… Ⅲ.①语言规划—研究 Ⅳ.
①H002

中国版本图书馆 CIP 数据核字(2019)第 293123 号

出版发行 南京大学出版社
社　　址 南京市汉口路 22 号　　　　　邮　编 210093
出 版 人 金鑫荣

书　　名 **中国语言战略(2019.2)**
主　　编 徐大明
责任编辑 荣卫红　　　　　　　　编辑热线 025-83685720

照　　排 南京紫藤制版印务中心
印　　刷 江苏凤凰通达印刷有限公司
开　　本 787×1092　1/16　印张 7.75　字数 174 千
版　　次 2019 年 12 月第 1 版　2019 年 12 月第 1 次印刷
ISBN 978-7-305-22813-1
定　　价 36.00 元

网址:http://www.njupco.com
官方微博:http://weibo.com/njupco
官方微信号:njupress
销售咨询热线:(025)83594756